Horst Jentsch

Weltgeschichte

Endzeit-Ereignisse
aus
biblischer Sicht

Bibliografische Information der Deutschen Nationalbibliothek

Die Deutsche Nationalbibliothek verzeichnet diese Publikation in der Deutschen Nationalbibliografie; detaillierte bibliografische Daten sind im Internet über http://dnb.d nb.de abrufbar.

5. Auflage

Coverbild: Frank Jenne

Verlag: BoD · Books on Demand GmbH, Überseering 33, 22297 Hamburg, bod@bod.de
ISBN: 978-3-7583-3178-7

Druck: Libri Plureos GmbH, Friedensallee 273, 22763 Hamburg

Inhalt:

Vorwort und Einführung: 5

1. Von Judaea Capta zu Israels Comeback 9
1.1 Judaea Capta (Judaea gefallen, gefangen und weggeführt) 9
1.2 Israels Comeback wird zu Israels Liberata (Freiheit) 12

2. Die Entrückung der Gemeinde Jesu 14
2.1 Die Voraussetzungen für die Entrückung 14
2.2 Der Vorgang der Entrückung 15
2.3 Das Offenbarwerden vor dem Richterstuhl 19
2.4 Das Preisgericht 20

3. Der Kampf Satans mit dem Volk Gottes des Alten und des Neuen Testaments 22
3.1 Der Kampf zwischen Drachen und der visionären Frau 22
3.2 Der Kampf im Himmel mit Satan und dessen Auswirkungen 24

4. Der Antichrist und sein Reich 26
4.1 Die Entstehung des antichristlichen Welteinheitsstaates 26
4.2 Exkurs zu dem Geheimnis der siebzig Jahrwochen 28
4.2.1 Der bibelgeschichtliche Hintergrund 28
4.2.2 Die siebzig Jahrwochen des Propheten Daniel nach Achim Klein 30
4.2.3 Die siebzig Jahrwochen des Propheten Daniel nach John F. Walvoord und Roy B. Zuck 33
4.3 Die Beschaffenheit des ersten Tieres 38
4.4 Die Beschaffenheit des zweiten Tieres 38

5. Der Gog von Magog-Krieg 40
5.1 Das Gottesgericht in dem Gog von Magog-Krieg 40
5.2 Die Völkerschaften des Gog und seine modernen Heerscharen 42
5.3 Der „Arabische Frühling" und seine weiteren Auswirkungen 44

6. Die besonderen Ereignisse während der Trübsalzeit 48
6.1 Der Bund des Antichristen mit Israel 48
6.2 Die Versiegelung der Knechte Gottes 51
6.3 Die Verkündigung des Evangeliums auf der ganzen Erde 52
6.4 Die zwei Zeugen 53
6.5 Die große Schar vor dem Thron Gottes aus allen Völkern 53

7. Die Vorgänge, die sich vor dem zweiten Kommen Jesu ereignen 55
7.1 Die Vorbereitung der Schlacht von Harmagedon durch die dämonischen Heere Satans 55

7.2 Die Hure Babylon und ihr Untergang 58

7.3 Die Sammlung der Auserwählten 59

7.4 Das Hochzeitmahl des Lammes 60

7.5 Die Schlacht von Harmagedon, das Ende des Antichristen und des falschen Propheten 60

7.6 Die Fesselung Satans für tausend Jahre 62

8. Die Vorgänge beim zweiten Kommen Jesu Christi 63

8.1 Das zweite Kommen des Menschensohns 63

8.2 Israel findet zu Jesus 64

8.3 Das Völkergericht an den Heidenvölkern 67

9. Das Tausendjährige Reich 71

9.1 Wer könnte zur Bevölkerung im Tausendjährigen Reich gehören? 71

9.1.1 Die große Schar der Märtyrer aus allen Völkern 71

9.1.2 Das Volk Israel an der Spitze der Völker 72

9.1.3 Die Versiegelten aus den zwölf Stämmen Israels 73

9.1.4 Die Gerechten aus den Heidenvölkern 73

9.1.5 Die Rolle übrigbleibender Heidenvölker 73

9.2 Die Schöpfung braucht eine Zeit der Erholung 75

9.3 Der Bau der Stadt und des Tempel Gottes auf dem hohen Berge 75

9.4 Das viele wunderbare Wasser aus Jerusalem und die Landverteilung 76

9.5 Besonderheiten des Tausendjährigen Reiches 79

10. Die Vorgänge am Ende der tausend Jahre 81

10.1 Der Einfall des Gogs von Magog in das Land Israel und das Ende Satans 81

10.2 Das Weltgericht vor dem großen weißen Thron (Jüngstes Gericht) 81

10.3 Der neue Himmel und die neue Erde (Offenbarung 21 und 22) 83

Endnoten/Literatur 86

Anhang: Schaubild Endzeit-Ereignisse aus biblischer Sicht 89

Vorwort und Einführung:

Von der Vielzahl, der in der Bibel vorausgesagten und inzwischen stattgefundenen Ereignisse, ist mir von keiner einzigen prophetischen Sicht bekannt, dass sie sich nicht erfüllt hätte.
Vor diesem Hintergrund gab es für mich nie einen Zweifel daran, dass dies auch auf die Prophetien der Endzeit zutreffen wird und dass auch diese mit Sicherheit in Erfüllung gehen werden.

Auf der Suche nach Gewissheit und Bestätigung in den mir zur Verfügung stehenden Publikationen stieß ich auf viele wertvolle Beiträge, die erheblich zu meinem Verständnis und Durchblick beitrugen und mir die Dinge zugänglich machten. In diesem Zusammenhang ist besonders der Text von Offenbarung 20,1-6 von Bedeutung. Dessen zentrales Anliegen die Entstehung des Tausendjährigen Reiches ist, das auch das „Millennium" genannt wird.
Abgeleitet von diesem Begriff entstanden die Lehren des so genannten Millenarismus (lat. von millennium „Jahrtausend) oder Chiliasmus (von griechisch „tausend"). Der diesen Lehren zugrundeliegende Text aus Offenbarung 20,1-6 besagt folgendes:
1. Die Fesselung Satans für 1000 Jahre
2. Ein Gericht findet statt. Zu diesem Zeitpunkt kann nur das Völkergericht an den Heidenvölkern nach Matthäus 25,31-46 gemeint sein.
3. Die Märtyrer werden wieder zum Leben auf der Erde erweckt und werden mit Christus auf dieser tausend Jahre regieren. Dies setzt das Vorhandensein des Tausendjährigen Reiches voraus.
4. Eine weitere Voraussetzung dafür ist die Wiederkunft Jesu Christi, obwohl dies nicht wörtlich dem Text zu entnehmen ist.
5. Schließlich ist von der ersten Auferstehung die Rede.

Hier stellt sich, wie der Rektor der Staatsunabhängigen Theologischen Hochschule in Basel Jacob Thiessen in seinem Buch „Biblische Glaubenslehre" schrieb, die Frage, *„ob diese Herrschaft Jesu Christi zukünftig oder gegenwärtig ist bzw. ob sie vor oder nach der Wiederkunft Jesu sein wird."* [1]

Unter den Bibelauslegern gibt es in Bezug auf diese Fragen inzwischen vier Hauptansichten, woraus sich vier Lehrmeinungen entwickelten, die sich hinter dem Pseudonym Millenarismus verbergen. Es handelt sich erstens um die nachfolgend beschriebene Lehre des Amillenniarismus, außerdem dann um die des Postmillenniarismus, die des Prämillenniarismus und die des Dispenationalistischen Prämillenniarismus.
Dies bewegt bis heute die Gemüter seit fast 2000 Jahren. Somit geht die Beschäftigung damit bis auf die ersten Nachfolger von Jesus zurück. Wie schon gesagt, sind viele Bücher darüber geschrieben worden, wovon eine Auswahl in meinem Besitz ist.
Es galt eine Art von Bestandsaufnahme zu machen. Herauszufinden war, ob überhaupt und wenn, dann in welcher Form, eine dieser vier Lehren möglicherweise der Aussage des vorgenannten Offenbarungstextes entspricht.
Zu diesem Zweck ist nachstehend eine kritische Betrachtung durchgeführt worden, die außerdem eine Übersicht über das ganze derzeitige Meinungsspektrum ermöglicht. Persönlich verhalf mir diese Analyse den Meinungsdschungel zu durchblicken. Außerdem verhalf sie zur Orientierung.

Nachstehend nun die Präsentation der vier Lehren nach dem derzeitigen Stand der Wissensvermittlung. Die graphischen Darstellungen wurden nach Vorlagen von Wikipedia und der darin enthaltenen Literaturhinweise erstellt.

1. Amillenniarismus

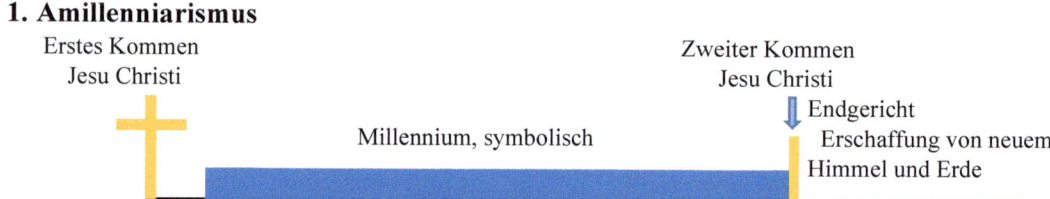

Nach Wikipedia **glauben** Amillennialisten nicht an eine buchstäbliche tausendjährige irdische Herrschaft Christi nach seiner Wiederkunft.

Nach amillennialistischer Sicht erfüllen sich alttestamentliche Reichsverheißungen viel mehr auf geistliche als auf wörtliche Weise.

So wird zwar auch von einer buchstäblichen Wiederkunft des Heilandes ausgegangen, jedoch eine darauf folgende tausendjährige Friedensherrschaft Christi auf dieser Erde abgelehnt.

Das Reich Gottes bzw. symbolisch das Tausendjährige Reich sei demnach schon während des Zeitalters der Gemeinde gegenwärtig und das zweite Kommen Christi würde sich danach zusammen mit dem Jüngste Gericht (Endgericht) ereignen (gemeint ist auch das Gericht an den Heidenvölkern nach Matthäus 25,31-40).

In diesem Sinn wird die Offenbarung des Johannes als eine Beschreibung sämtlicher Geschehnisse während des Gemeindezeitalters gedeutet.

Jacob Thiessen ergänzt, dass die ersten Kirchenväter *„an ein zukünftiges Friedensreich Christi auf Erden"* glaubten. Und sagt:

*„**Augustinus** verstand die tausend Jahre wörtlich und **erwartete die Wiederkunft Christi innerhalb von tausend Jahren nach der Himmelfahrt.** Als das Jahr 1000 nach Christi kam und ging, ohne dass Christus wiederkam, wurde dieser Zeitraum geistlich verstanden als eine unbestimmte Zeitperiode oder die gesamte Zeit zwischen Christi Erdenwandel und seiner Wiederkunft. **Die Reformatoren folgten Augustinus in der amillennaristischen Sicht.**"* [2]

Kritisch anzumerken ist, dass Satans Fesselung für tausend Jahre keine Erwähnung findet. Schon die Beschreibung dieses Vorgangs setzt buchstäblich das Zustandekommen des Tausendjährigen Reichs voraus.

Dem Millennium wird aber nur eine symbolische Bedeutung zuerkannt und erst danach soll - am Ende aller Tage - zusammen mit Jesu zweitem Kommen gleichzeitig das Endgericht (Jüngstes Gericht) stattfinden.

Ganz im Gegensatz dazu steht das Wieder-lebendig-werden der Märtyrer, um auf der Erde zusammen mit Jesus für tausend Jahre zu herrschen. Dies wiederum macht aber, neben dem Zustandekommen dieses Reiches, die vorherige Wiederkunft Jesu zwingend erforderlich.

Zudem setzt die beschriebene Fesselung Satans auch die dem Millennium vorangegangene große Trübsal voraus, über die kein Wort verloren wird.

Völlig unerwähnt bleibt zudem auch die 1. Auferstehung.

Ganz wesentlich ist noch, dass der Rolle des Volkes Israel in der Endzeit nicht die geringste Aufmerksamkeit zukommt. Das widerspricht dem Zusammenhang der Heiligen Schrift.

2. Postmillenniarismus

Thiessen sagt, dass der Postmillenniarismus lehrt, *„dass die sichtbare Wiederkunft Jesu nach dem Tausendjährigen Reich sein wird. Unmittelbar nach der Wiederkunft Jesu folgt dann die allgemeine Auferstehung der Toten, das Gericht und die Erschaffung des neuen Himmels und der neuen Erde. Zuvor wird durch die Verkündigung des Evangeliums und durch das Wirken des Heiligen Geistes das Reich Gottes in den Herzen der Menschen ausgebreitet. Durch die Erfüllung des Missionsbefehls wird also dieser Ansicht nach das Friedensreich auf der Erde aufgebaut, in dem die Mehrheit der Menschheit zum Glauben an Jesus Christus kommt und dementsprechend nach der Gerechtigkeit Gottes lebt.“* [3]

Nach Wikipedia ist zusätzlich noch anzumerken, dass während einige Postmillenaristen wörtlich an ein 1000 Jahre dauerndes Millennium glauben, sehen andere in den tausend Jahren einen eher symbolischen Ausdruck für ein sehr langes Zeitalter (darin dem Amillenarismus ähnlich).

Unter denen, die das "Millennium" nicht wörtlich nehmen, wird üblicherweise geglaubt, dass es schon begonnen habe. Zur postmillenaristischen Lehre gehört auch, dass die satanischen Mächte allmählich durch das sich ausbreitende Reich Gottes besiegt werden. Dies vollzieht sich im Laufe der Geschichte und mündet ins zweite Kommen Christi (Parusie). Zahlreiche Postmillenaristen vertreten von daher die Ansicht, dass viele der biblischen Endzeit-Prophetien bereits erfüllt sind.

Hierzu ist kritisch anzumerken:

Wie bei der amillennialistischen Lehre fehlen Satans Fesselung für tausend Jahre, die vorausgegangene große Trübsal, das zweite Kommen Jesu bereits vor dem Tausendjährigen Reich, das Wieder-lebendig-werden der Märtyrer, um auf der Erde zusammen mit Jesus tausend Jahre zu regieren und die 1. Auferstehung.

Nur ein Teil der Anhänger dieser Lehre misst dem Tausendjährigen Reich überhaupt eine Bedeutung zu, aber dann in der Weise, das Jesu zweites Kommen erst nach diesem Reich zusammen mit dem Endgericht (Jüngstes Gericht) eintreten wird.

Dies entspricht nicht dem buchstäblichen Text von Offenbarung 20, 1-6. Außerdem hat auch bei dieser Lehre die Zukunft des Volkes Israel keine Entsprechung und findet keine Erwähnung. Wieder widerspricht das dem Zusammenhang der Heiligen Schrift.

3. Prämillenniarismus

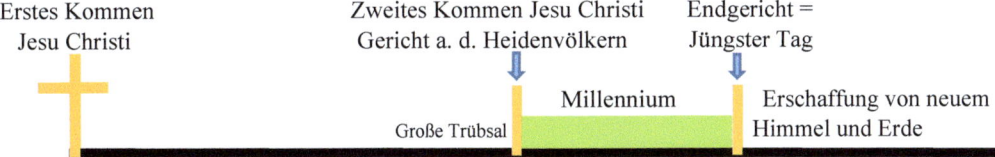

Zum Prämillenniarismus äußert sich Thiessen, der lehrt, *„ dass Jesus vor dem Tausendjährigen Reich für alle Menschen sichtbar wiederkommt und dass das Herniederkommen Christi auf die*

Erde zur Aufrichtung eines buchstäblich tausend Jahre dauernden Reiches die einzige Sicht ist, die der klaren Sprache (der Bibel*) das gebührende Gewicht gibt. Das bestätigt der Kontext* (des Alten und des Neuen Testaments der Bibel) *und der Aufbau der Offenbarung.* " [4]

Außerdem vollziehen sich im Rahmen seiner Wiederkunft die Entrückung seiner Gemeinde in die Wolken des Himmel und in diesem Zusammenhang auch deren Auferstehung (1. Auferstehung).

Da es nach dieser Lehre für den Zeitpunkt des Vorgangs der Entrückung unterschiedliche Meinungen gibt, wurde unter „Große Trübsal" ein bildlicher Hinweis darauf unterlassen.

Meinem Buch liegt der Prämillenniarismus zugrunde.

Auf dieser Basis lässt sich in Überstimmung bringen, was an vielen anderen Stellen im Kontext des NT und AT über die Endzeit-Ereignisse ausgesagt wird. Dazu gehört, was unter vielem anderem in Römer 11 über die Zukunft der Juden und des ganzen Volkes Israel, vor allem, was auch über ihre biblisch seit vielen Jahrhunderten vorausgesagte Rückkehr *(Comeback) ins gelobte Land, geschrieben steht.* Diese Voraussage ist nach fast 2000 Jahren in der Fremde inzwischen schon in weitem Umfang in Erfüllung gegangen, wie dies unter Punkt 1.2 näher beschrieben ist.

4. Dispensationalistischer Prämillenniarismus

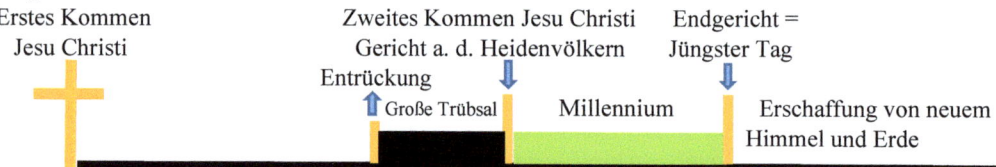

Die Lehre des Dispensationalistischen Prämillenniarismus unterscheidet sich von der des Prämillenniarismus lediglich durch die Annahme, dass die Entrückung der Gemeinde Jesu vor der großen Trübsal eintritt.

Mein Dank für besondere Betreuung gilt Ralf Kröger, Walter Urban, meiner Enkeltochter Miriam Tropp meinem Enkelsohn Adrian Tropp (für seine Hilfe bei der Anfertigung graphischer Darstellungen), außerdem Dr. Joachim Komoschinski und Werner Rekowski. Ihre Dienste und Hinweise führten zu vielfachen Korrekturen und textlichen Veränderungen. Mein besonderer Dank gilt auch Dr.-Ing. Frank Jenne für das Coverbild und meiner lieben Frau Hannelore für ihre große Geduld.

Januar 2025   Horst Jentsch

1. Von Judaea Capta zu Israels Comeback

1.1. Judaea Capta (Judaea gefallen, gefangen und weggeführt)

In einem Artikel im Internet beschreibt der israelische Publizist Doron Schneider eine römische Münze. Bei dieser handelt es sich um eine, die von den Römern zwischen den Jahren 70-80 n. Chr. unter dem Namen IVDAEA CAPTA (Gefangener Judaea) aus Bronze, Silber und Gold geprägt, im ganzen römischen Reich verbreitet wurde. Auf der einen Seite der Münze ist ein bewaffneter römischer Soldat abgebildet. Auf der anderen Seite ist, wie in nachstehender Abbildung, unter einer Palme eine unterdrückte und unterwürfige Frau zu sehen, die das nach einem Aufstand des jüdischen Volkes gegen die Römer besiegte jüdische Königreich symbolisiert.

IVDAEA CAPTA (Gefangener Judaea) Römische Münze aus den Jahren 70 - 80 n. Chr.

Der Aufstand wurde vor 2000 Jahren blutig niedergeschlagen, der zweite Tempel verbrannt und völlig zerstört, dazu wurde das Land in weiten Teilen verwüstet und die Juden entweder getötet, ins Exil geschickt oder in die Sklaverei verkauft. Ein Geschick, das das Volk der Juden so zu erleiden hatte, wie es die biblischen Propheten vorhergesagt hatten. Dazu eine Stelle aus Sacharia 7,14:

„Also habe ich sie zerstreut unter alle Heiden, die sie nicht kannten, und ist das Land hinter ihnen wüst geblieben, dass niemand darin wandelt noch wohnt, und ist das edle Land zur Wüstung gemacht.“ [5]

Im Internet kommentiert das Frankfurter Bibelhaus Erlebnis Museum zu Judaea Capta, dass der Jüdische Krieg in den Jahren 66 bis 70 stattfand. Der Feldherr Vespasian, der den jüdischen

Aufstand verlustreich niederschlug, wird im Jahr 69 als Kaiser in Rom empfangen. Sein Sohn Titus zerstört im Jahr 70 schließlich Jerusalem und den jüdischen Tempel.

Es gab offenbar noch eine Münze (Sesterz-Münze), die Vespasian nach seinem Triumph auch prägen lässt, auf der er diesmal selbst in Siegerpose dargestellt ist. Neben dem siegreichen Kaiser sitzt eine trauernde Frau unter einer Palme - die personifizierte Judaea. Die Umschrift von „Judaea Capta" lautet: Judaea ist gefallen! Vom Erlös des geraubten Tempelschatzes lassen die Kaiser Vespasian und Titus das Kolosseum in Rom erbauen. [6]

Bereits Mose sah den Abfall Israels von Gott und seine Untreue und schließlich auch die der Israeliten in 3. Mose 26, 32-33 (Luther 84) voraus und schrieb auf, wie Gott ein solches Verhalten bestrafen würde:

„Und ich will eure Städte wüst machen und eure Heiligtümer verheeren, dass eure Feinde, die darin wohnen werden, sich davor entsetzen. Euch will ich unter die Völker zerstreuen, dass euer Land soll wüst sein und eure Städte zerstört."

„In Nehemia 1,8 (Luther 84) findet dies wie folgt ebenfalls seine Entsprechung:

„Wenn ihr mir die Treue brecht, so will ich euch unter die Völker zerstreuen."

Das ist genau so geschehen! Mit der Zerstreuung der übriggebliebenen Israeliten hatte ganz Israel schließlich aufgehört als Staat zu existieren. Trotzdem wurde dem Volk Israel von Gott eine Zukunft prophezeit. In Hesekiel 6,8 steht:

„Ich will aber einige von euch übrig lassen unter den Völkern, wenn ich euch in die Länder zerstreut habe."

Und welche Zukunft dieser Rest in der Endzeit einmal haben wird, geht aus dem Text von Zefanja 3,13-15 und 20 (Luther 84) hervor:

„Und diese Übriggebliebenen in Israel werden nichts Böses tun noch Lüge reden, sondern sie sollen weiden und lagern ohne alle Furcht. Jauchze, du Tochter Zion! „Frohlocke, Israel! Freue dich und sei fröhlich von ganzem Herzen, du Tochter Jerusalem! „Denn der Herr hat deine Strafen weggenommen und deine Feinde abgewendet. Der Herr der König Israels, ist bei dir, dass du dich vor keinem Unheil mehr fürchten musst. ***Zur selben Zeit will ich euch heimbringen*** *und euch zur selben Zeit sammeln;* ***denn ich will euch zu Lob und Ehren bringen unter allen Völkern auf Erden****, wenn ich eure Gefangenschaft wenden werde vor euren Augen, spricht der Herr."*

Auch in Jesaja 54,7 (Luther 84) kommt der Prophet darauf zu sprechen, auf welche Weise Gott seinem Volk, nachdem er es in alle Welt verstoßen hatte, seine Gnade und Hilfe verheißt, wenn dort steht:

„Ich habe dich einen kleinen Augenblick verlassen; aber mit großer Barmherzigkeit will ich dich sammeln."

Es gehört bis heute noch weithin zur Lehre der großen Kirchen beider Konfessionen, auch zu der der Amillenniaristen und Postmillenniaristen, dass Israel als das Volk Gottes keine Zukunftsaussichten mehr habe. Man vertritt die Lehre, Gott habe sein Volk verworfen und seine Erwählung auf die Kirche übertragen.

Und diese Ansicht, sich als das neue Israel zu verstehen, hat in der Kirche schon sehr lange Bestand. Davon berichten die Theologen Boskey und Thomas Capelle in ihrem Buch „Der edle Ölbaum und seine Zweige - Römer 11" und sagen, dass schon der Kirchenvater Tertullian (2./3. Jhdt. n. Chr.) dies lehrte. Später spricht auch Augustin den Juden das Recht auf den Titel Israel ab. Auf dem zweiten Konzil von Nicäa schließlich wurden Dekrete erlassen, die es

Judenchristen nicht mehr erlaubten, ihre jüdischen Bräuche weiter zu praktizieren. Wer es als Judenchrist tat, wurde exkommuniziert. Dieser Denkrichtung schlossen sich auch noch die Reformatoren im Mittelalter voll an. [7]

Man vertrat uneinsichtig, was in den Jahrhunderten immer wieder zum Anlass von Pogromen wurde. Offensichtlich hatte schon der Apostel Paulus Grund, die Gemeinde vor diesem unseligen Treiben zu warnen, denn er nahm in Römer 11,1-2 und 8 (Luther 84) wie folgt Stellung dazu:

„So frage ich nun: Hat denn Gott sein Volk verstoßen? Das sei ferne! Gott hat sein Volk nicht verstoßen, das er zuvor erwählt hat. Aber, wie geschrieben steht (Jesaja 29,10): Gott hat ihnen einen Geist der Betäubung gegeben, Augen, dass sie nicht sehen und Ohren, dass sie nicht hören, bis auf den heutigen Tag."

Diese Begebenheit wird sich erst ab der Wiederkunft Jesu (Sacharja 12,10 und Sacharja 14,4) ändern, wenn der nach Harmagedon übriggebliebene Rest des Volkes Israel durch Sehen zum Glauben an ihn findet (siehe sein Kommen, **Punkt 8.1** und Israels Umkehr, **Punkt 8.2**).

Wie Fredy Peter aber in einem Artikel vom Missionswerk Mitternachtsruf schreibt, gab zur Zukunft des Volkes Israel auch kein geringerer als Johann Wolfgang von Goethe folgendes interessante Statement ab:

„Das israelische Volk hat niemals viel getaugt, wie es ihm seine Anführer, Richter, Vorsteher, Propheten tausendmal vorgeworfen haben; es besitzt wenig Tugenden und die meisten Fehler anderer Völker: Aber an Selbstständigkeit, Festigkeit, Tapferkeit und, wenn alles das nicht mehr gilt, an Zähheit sucht es seinesgleichen. Es ist das beharrlichste Volk der Erde. Es ist, es war, es wird sein, um den Namen Jehova durch alle Zeiten zu verherrlichen." [8]

Ein großer erster Schritt dahin stellt heute die Sammlung der Juden in ihrem ursprünglichen Land dar. So sprach am 14. Mai 1948 David Ben-Gurion den lapidaren Satz: *„Der Staat Israel ist gegründet"*. Dies war aber erst der Anfang hin zu einer segensreichen Zukunft für das Volk Israel.

In seinem Buch „Erfüllung biblischer Prophetie" geht es Pastor Jakob Tscharntke darum, zu verstehen, welcher Weg tatsächlich schon zurückgelegt wurde und sagt:

„Meines Erachtens ist der Blick auf das Volk Israel und seine zeichenhafte Bedeutung ein herausragender Aspekt. Wenn wir den Weg Gottes mit seinem Volk Israel nicht verstehen und deshalb auch nicht einordnen können, wo Gott auf diesem Weg mit seinem Volk heute ist, dann fehlt uns eine zentrale Voraussetzung zur Einordnung der gegenwärtigen Zeit in den Rahmen der Heilsgeschichte." [9]

1.2 Israels Comeback wird zu Israels Liberata (Freiheit)

Nachstehend lautet - gemäß Hesekiel 37,21(Luther 84) - Gottes Zusage für den - in der Bibel vielfach bezeugten - noch immer stattfindenden entscheidenden ersten Schritt des Comebacks:

„Siehe, ich werde die Kinder Israels herausholen aus den Heiden, wohin sie gezogen sind, und will sie von überall her sammeln und wieder in ihr Land bringen."

Israels Comeback stand als Überschrift über einem Leitartikel in der Zeitschrift „Israel Heute". Darin ist zu lesen:

„Diesen ausdrucksstarken Begriff wollen wir erstmalig in dieser Zeitschrift auch für ein ganzes Volk verwenden. Es gibt keine andere Nation in der Weltgeschichte, die je ein Comeback vorweisen konnte wie Israel. Nach knapp 2000 Jahren Zerstreuung im Exil, nach fast 150 Jahren mühsamen Kräftesammelns, ging es wieder zurück in die alte Heimat. Aus 140 Ländern strömten sie in das Heilige Land, gründeten 1948 den Staat Israel, um wieder als Volk in einer unabhängigen und souveränen Heimat zu leben, zum dritten Mal in der Geschichte" [10]

Dieses in der Bibel an vielen Stellen prophezeite Ereignis ist eingetreten. Inzwischen feiert der Staat Israel die Vollendung seines 75. Geburtstages. Und sie wurden von Gott vom ersten Tag ihrer Staatsgründung an bewahrt. Ausdruck dafür ist, dass sie, um ihre Unabhängigkeit zu erhalten und am Leben zu bleiben, bisher inzwischen sieben mörderische Kriege sowohl führen als auch überstehen mussten. Und noch ist das Ende nicht abzusehen. Der Iran z. B. und noch andere haben angekündigt alles zu tun, um Israel zu vernichten, was ihnen aber nicht gelingen wird, obwohl sie es versuchen werden.

Doron Schneider führt weiter aus:

„Wenn die Araber Schwierigkeiten mit dieser Tatsache und der Erfüllung von Gottes Verheißungen haben, dann kann ich den Grund dafür verstehen. So wie ich auch den Grund einer säkularen Welt, die noch an ein Judaea Capta gewohnt ist, verstehen kann, wenn sie in der heutigen Wiederherstellung Israels nicht Gottes Fingerabdrücke sieht oder sehen will. Aber wenn die Kirchen und Christen Israel auch nur noch als einen weiteren politischen Staat wie alle anderen Staaten ansehen, dann frage ich mich, ob nicht die endzeitliche Verführung, vor der Jesus oft gewarnt hat, schon begonnen hat?

***Denn Jesus hat** nicht die Ungläubigen, sondern seine Jünger und Nachfolger **davor gewarnt**. >>Ihr verdreht die Worte des lebendigen Gottes (Jer 23,36)! ... und sie werden ihre Ohren von der Wahrheit abwenden und sich Legenden zuwenden (2. Ti 4,3-4)<<.*

Tatsächlich hat der Zionismus gewonnen; Judaea ist erwacht. Der zweite Teil der Prophetie geht heute vor aller Augen der Welt in Erfüllung. Israel ist der Beweis, dass die Bibel Recht hat und dass es einen Gott gibt! >>Und ich werde sie einpflanzen in ihr Land; und sie sollen aus diesem Land, das ich ihnen gegeben habe, nicht mehr herausgerissen werden <<, spricht der Herr, dein Gott (Amos 9,15)." [11]

Im Zuge dessen wird der Tag kommen, an dem sich Gott seinem ganzen Volk wieder in Gnade zuwenden wird. Der national-ethnischen wird die geistliche Vollendung folgen. Israel wird dann im Tausendjährigen Reich endlich zu seiner eigentlichen Berufung gelangen.

Gemäß 2. Korinther 3,14-16 sind ihre Sinne derzeit noch verstockt, so dass - bis auf den heutigen Tag - eine Decke auf ihrem Herzen liegt. Wenn Sie sich zum Herrn bekehren werden, wird dann die Decke weggenommen. Paulus sagt in Römer 11, 25 - 27 (Luther 84):

„Ich will euch, liebe Brüder, dieses Geheimnis nicht verhehlen, damit ihr euch nicht selbst für klug haltet: Verstockung ist einem Teil Israels widerfahren, so lange bis die Fülle der Heiden zum Heil gelangt ist und so wird ganz Israel gerettet werden wie geschrieben steht."

Jesaja 59,20 (Luther 84):

Aber für Zion wird der Erlöser kommen und für die in Jakob, die sich von der Sünde abwenden, spricht der Herr."

Besonders der Text von Jeremia 31,1ff. befasst sich in einem ganzen Artikel mit der Verheißung des neuen Bundes für das Volk Israel. Die nachstehenden Verse 35-37 (Luther 84) lassen nicht den geringsten Zweifel daran aufkommen:

„So spricht der Herr, der die Sonne dem Tage zum Licht gibt und den Mond und die Sterne der Nacht zum Licht bestellt; der das Meer bewegt, dass seine Wellen brausen - Herr Zebaoth ist sein Name -: Wenn jemals diese Ordnungen vor mir ins Wanken kämen, spricht der Herr, so müsste auch das Geschlecht Israels aufhören ein Volk zu sein vor mir ewiglich.

So spricht der Herr: Wenn man den Himmel oben messen könnte und den Grund der Erde unten erforschen, dann würde ich auch verwerfen das ganze Geschlecht Israels für all das, was sie getan haben, spricht der Herr."

Von gleich starker Aussagekraft ist, was in Jesaja 54,8-9 formuliert ist. Gott lässt den Propheten sagen, dass er Israel zwar einen kleinen Augenblick verlassen habe, aber es mit großer Barmherzigkeit wieder sammeln will. So wie Gott geschworen hatte, dass die Wasser Noahs nicht mehr die Erde überfluten sollen, hat er geschworen, dass er nicht mehr über sein Volk zürnen will und es nicht mehr schellten werde.

An dieser Stelle stellt sich die Frage, wieso errettet Gott ein so halsstarriges Volk schließlich doch?

Die Erklärung steht im Text von Hesekiel 36,22-23 und 27 (Luther 84), in dem Gott u. a. zu Hesekiel folgende in die Zukunft gerichtete Worte sagt:

*„Darum sollst du zum Hause Israel sagen: So spricht Gott der Herr: **Ich tue es nicht um euretwillen**, ihr vom Hause Israel, sondern um meines heiligen Namens willen, den ihr entheiligt habt unter den Heiden, wohin ihr auch gekommen seid. Denn ich will meinen großen Namen, den ihr unter ihnen entheiligt habt, wieder heilig machen. **Ich will** meinen Geist in euch geben und will solche Leute aus euch machen, die in meinen Geboten wandeln und meine Rechte halten und danach tun."*

Von daher können wir die berechtigte Hoffnung haben, dass dies für Israel im Tausendjährigen Reich genau so kommen wird. Nähere dazu in **Punkt 8.2** „Israel findet zu Jesus". Seine gläubige Gemeinde wird Jesus aber vorher zu sich holen. Um diesen Vorgang geht es im nachfolgenden Kapitel.

2. Die Entrückung der Gemeinde Jesu

Unter dem Begriff „Entrückung" wird der Vorgang verstanden, bei dem Menschen in die himmlische Sphäre versetzt wurden oder werden.

Beispiele dafür sind im A T die leibhaftige Hinwegnahme des Henoch (1. Mose 5,24) von der Erde durch Gott, der vor dem großen Gericht der Sintflut entrückt wurde und die des Elia (2.Könige 2,1ff). Bei der Verklärung Jesu auf einem hohen Berge, zu der er Petrus, Jakobus und Johannes mitgenommen hatte, erschienen ihnen Mose und Elia, die beide danach ebenfalls wieder entrückt wurden. In **Punkt 2.1** geht es - nach dem prophetischen Wort des N T - bei dieser Form von Entrückung um die Auferstehung der zur Gemeinde Jesu gehörenden Toten aller Zeiten und zum gleichen Zeitpunkt um die noch auf der Erde lebenden Gläubigen.

2.1 Die Voraussetzungen für die Entrückung

Die menschliche Schuld steht wie eine Mauer zwischen dem heiligen Gott und dem Menschen. Erforderlich ist die Versöhnung mit Gott Vater, ohne die niemand das Himmelreich sehen wird. Dies setzt nicht nur eine Sinnesänderung durch Umdenken, sondern ein Umkehren voraus! Darunter versteht der Apostel Petrus ein Hinwenden zu Gott im Glauben an Jesus Christus. Was das bedeutet, brachte Petrus auf den Punkt mit dem Text von Apostelgeschichte 3,19 (griechischer Originaltext der Interlinearübersetzung), wo zu lesen steht:

„Denkt also um und kehrt um, dass ausgetilgt werden eure Sünden."

Das Umkehren wird in manchen Bibeln mit dem Wort Buße übersetzt. Wie diese geschehen kann und durch wen, kommt im Text von 1. Johannes 1,7-10 (nach der Bibelübersetzung Hoffnung für alle) zum Ausdruck:

„Und das Blut, das sein Sohn Jesus Christus für uns vergossen hat, befreit uns von aller Schuld. Freilich werden immer wieder Leute behaupten, sie hätten das nicht nötig, sie seien frei von aller Schuld. Wer so etwas sagt, betrügt sich selbst.

Wenn wir aber unsere Sünden bereuen und sie bekennen, dann dürfen wir darauf vertrauen, dass Gott seine Zusage treu und gerecht erfüllt: Er wird unsere Sünden vergeben und uns von allem Bösen reinigen. Mit anderen Worten: Jeder der zu Gott umkehren will und Jesus seine Schuld bekennt, dem wird sie vergeben, der wird befreit von aller Schuld."

Auf diese Weise geschieht die Versöhnung mit Gott Vater durch seinen Sohn Jesus Christus.

Welche Bedeutung die Versöhnung hat wird uns von Jesus selbst und dem Apostel Paulus in den folgenden drei Bibelstellen bezeugt:

In Johannes 5,24 (Luther 84) versichert Jesus uns:

„Wahrlich, wahrlich ich sage euch: Wer mein Wort hört und dem glaubt der mich gesandt hat, der hat ewiges Leben und kommt nicht ins Gericht, sondern er ist vom Tod zum Leben hindurchgedrungen."

2. Korinther 5,19 (Luther 84):

*„Denn **Gott** war in Christus und versöhnte die Welt mit sich selbst und **rechnete ihnen ihre Sünden nicht zu** und hat unter uns aufgerichtet das Wort von der Versöhnung."*

Römer 8,1 (Luther 84):

*„**So ist** jetzt keine Verdammnis für die, die in Christus Jesus sind."*

Das bedeutet, dass wir erlöst von jeder Schuld vor Gott sind, weil Jesus unsere Strafe auf sich genommen und für unsere Schuld am Kreuz von Golgatha gesühnt hat. Wer an ihn glaubt darf für sich in Anspruch nehmen, dass er/sie von Gott Vater durch Jesus vollständig begnadigt und vollkommen für gerecht erklärt ist. Das bedeutet weiter:

Auch wenn wir versagen, uns erneut verfehlen und somit vor Gott Vater sündig bleiben, ist er uns gegenüber gnädig. Er vergibt uns gern, wenn wir ihm unser erneutes Versagen eingestehen. Weil es *„keine Verdammnis für die, die in Christus Jesus sind"* mehr gibt, bleiben wir durch seine Gnade frei für ein Leben ohne Schuld. Gott spricht uns also nicht erneut schuldig, so dass wir nicht um unser ewiges Heil bangen müssen.

Wenn diese Ausführungen den verehrten Leser noch nicht überzeugen konnten, rät der Verfasser dieser Zeilen dazu, es zu überdenken und dazu auch noch das Nachfolgende zu lesen.

2.2 Der Vorgang der Entrückung

In Johannes 5,21 (Luther 84) sagt Jesus:

„Denn wie der Vater die Toten auferweckt, so macht auch der Sohn lebendig, welche er will."
Die erste Voraussetzung dafür war Jesu Auferstehung von den Toten. In gleicher Weise werden alle die zum Glauben an ihn gelangten und zu ihm gehören zum ewigen Leben auferstehen.
D. h., dass sie über den Vorgang ihrer Entrückung zu ihm aufgenommen werden. Dies entspricht auch der im Text von 1. Korinther 15,23 (Luther 84) angegebenen Reihenfolge:

„Ein jeder aber in seiner Ordnung: Als erster Christus; danach, wenn er kommen wird, die, die Christus angehören."
Wer am Tag seiner Wiederkunft noch am Leben ist, wird gegenüber den Toten nichts voraushaben, sagt uns der Text von 1. Thessalonicher 4,15-18 (Luther 84):

*„Denn das sagen wir euch mit einem Wort des Herrn, dass wir, die wir leben und übrigbleiben bis zur Ankunft des Herrn, denen nicht zuvorkommen werden, die entschlafen sind. Denn er selbst, der Herr, wird, wenn der Befehl ertönt, wenn die Stimme des Erzengels und **die Posaune Gottes erschallen**, herabkommen vom Himmel **und zuerst werden die Toten, die in Christus gestorben sind, auferstehen.** Danach werden wir, die wir leben und übrigbleiben, zugleich mit ihnen entrückt werden auf den Wolken in die Luft, dem Herrn entgegen und so werden wir bei dem Herrn sein allezeit."* Dazu drei Bibelstellen, die die den Vorgang der Entrückung seiner Gemeinde genauer beschreiben. Zunächst 1. Korinther 15,51-52 (Luther 84):

*„Wir werden nicht alle entschlafen, wir werden aber alle verwandelt und das plötzlich in einem Augenblick, **zurzeit der letzten Posaune**. Denn es wird die Posaune erschallen und die Toten werden auferstehen unverweslich und wir werden verwandelt werden."*
Und Jesus sagt in Lukas 17,34-36 (Luther 84) weiter:

„In jener Nacht werden zwei auf einem Bett liegen; der eine wird angenommen und der andere preisgegeben werden. Zwei Frauen werden miteinander Korn mahlen; die eine wird angenommen werden, die andere wird preisgegeben werden."
In Matthäus 24, 40 steht dazu noch:

„Dann werden zwei auf einem Felde sein; der eine wird angenommen, der andere wird preisgegeben."

Eine verbindliche Aussage über diesen Zeitpunkt ist von der Heiligen Schrift her nicht gegeben. Dazu 1. Thessalonicher 5, 1-2 (Luther 84):

*„Von den Zeiten und Stunden aber, liebe Brüder, ist es nicht nötig, euch zu schreiben; denn ihr **selbst wisst genau, dass der >>Tag des Herrn<< kommen wird wie ein Dieb in der Nacht."***
In Matthäus 24,36 steht dazu, dass *„vom Tage und von der Stunde niemand weiß, auch die Engel im Himmel nicht, auch der Sohn nicht, sondern allein der Vater."*
Nachstehend werden nun die drei nach der Lehre des Prätribulationismus möglichen Entrückungs-Szenarien einer näheren Betrachtung unterzogen:

Von der Autorin Bettina Hahne existiert eine Ausarbeitung zu dem Thema: „Die Entrückung Wann kommt Jesus wieder? Vor, während oder nach der siebenjährigen Trübsal?", vom Verlag inner cube GmbH Christliche Medien Düsseldorf.

Sie sagt, dass die weitaus meisten Ausleger glauben, dass sich die Entrückung vor Jesu zweitem für alle sichtbaren Kommen ereignen wird und vor der großen Trübsalzeit stattfindet.

Dies, weil die derzeitige Gemeinde Jesu eigentlich nur noch in den Sendschreiben (bis Offenbarung 4) vorkommt. Da Gerichte von unvorstellbarem Ausmaß über die Menschheit hereinbrechen werden, glaubt man, dass diese nicht für die an Jesus Glaubenden bestimmt sind.

Auch nach dieser Auffassung kommt er in einer ersten Phase - nur für seine Gemeinde sichtbar - zum Zwecke ihrer Entrückung. Seine Wiederkunft sichtbar für alle Welt vollzieht sich danach in einer zweiten Phase. In dieser erscheint er - nach der Schlacht von Harmagodon - jetzt zusammen mit seinen Heiligen auf dem Ölberg in Jerusalem (gemäß Sacharja 14,4).

Viele Ausleger, besonders im englischsprachigen Raum, glauben aber im Hinblick auf die Entrückung an die sogenannte „Pre-Wrath Rapture. Danach findet die Entrückung nicht genau in der Mitte der Trübsalzeit statt, sondern während der zweiten Hälfte der siebenjährigen Trübsal und sagen:

„Jesus kommt für die Gläubigen keineswegs wie ein Dieb in der Nacht, sondern nur die Ungläubigen werden durch sein Kommen unangenehm, wie durch einen Dieb, überrascht. Ihr aber Brüder, seid nicht in der Finsternis, dass euch der Tag wie ein Dieb überfallen könnte (1. Thessalonicher 5,4). Die Zeichen, welche die bevorstehende Entrückung ankündigen, beschreibt Jesus in Matthäus 24, in einem Kapitel, das für die Gemeinde und für Israel gilt. Matthäus 24 hat direkte Parallelen zu den Siegeln in Offenbarung 6. Gott schüttet seinen Zorn erst ab dem siebten Siegel aus (in Offenbarung 6,14 heißt es vor dem siebten Siegel: Denn der große Tag seines Zornes ist gekommen). Sein Zorn (>>Tag des Herrn<<), wird mit dem Posaunen und Schalengericht in der Offenbarung beschrieben. Da die Gemeinde vor dem Zorn Gottes verschont wird, wird sie vor dem siebten Siegel entrückt, was Offenbarung 7,9 mit der >>großen Schar, die niemand zählen konnte<<, beschreibt, die nach dem Öffnen des sechsten Siegels im Himmel erscheint. Demzufolge geschieht die Entrückung zwischen dem Öffnen des sechsten Siegels (Offenbarung 6,12-17) und des siebten Siegels in der zweiten Hälfte von Daniels 70. Woche. Denn: erst nachdem Jesus vom Gräuel der Verwüstung spricht, gleich zu Beginn der zweiten Hälfte von Daniels 70. Woche (Daniel 9,27) beschreibt er die Zeichen des sechsten Siegels - Verdunkeln des Himmels, Matthäus 24,29, die auch im Alten Testament als Zeichen des beginnenden Zornes Gottes beschrieben werden - (Joel 3,4; Jesaia 13,9)."

Die Vertreter der Nachentrückungslehre lehren schließlich, dass sich dies zum Zeitpunkt der sichtbaren Wiederkunft Jesu nach der Schlacht von Harmagedon vollzieht. [12]

Diesen Standpunkt vertritt Jacob Thiessen in seinem Buch „Hermeneutik der Bibel", nämlich, *„dass die Entrückung und die Wiederkunft Jesu gleichzeitig sind."* Aufgrund dessen waren meinen Fragen an ihn:

Wie ist die Aussage, dass die Entrückung und die Wiederkunft Jesu gleichzeitig sein werden, zu verstehen? Spricht nichts dagegen, dass die beiden Ereignisse gleichzeitig geschehen werden? Und wird seine Erscheinung bei seiner Wiederkunft zum Zeitpunkt der Entrückung sichtbar zunächst nur für die Seinen oder gleichzeitig auch für alle Welt?
Seine Antwort heißt:
„Ich sehe keinen Grund, die Entrückung der Gläubigen von der allgemeinen sichtbaren Wiederkunft Jesu wirklich zu trennen."

In seinem Buch „Die Johannesoffenbarung" begründet er seine Auffassung wie folgt:
„In 2. Thess 2,1ff. erwartet Paulus offensichtlich die Entrückung der Gemeinde nicht vor der Ankunft des „Antichristus", sondern erst bei der (sichtbaren) Wiederkunft Jesu, wie das auch in 1. Thess 4,14ff. der Fall ist. Das bestätigt auch z. B. 2. Thess 1,7-10, wonach die „Verherrlichung" der Gemeinde, die sicher mit der „Verklärung" der Gläubigen zusammenhängt (vgl. 1. Kor 15,51f.), bei der Wiederkunft Jesu geschehen wird, und zwar dann, wenn Jesus Christus kommt, um die ungläubige Menschheit zu richten (vgl. auch Mt 25,34ff.)"
und siehe auch Punkt 8.3 „Das Völkergericht an den Heidenvölkern".
„Es werden nicht zwei „erste Auferstehungen" genannt, d. h. eine bei der Entrückung und eine vor der 1000-jährigen Friedensherrschaft. Die Johannesoffenbarung kennt offensichtlich nur eine „erste Auferstehung der Gläubigen." [13]

Sehr übersichtlich sind nachstehend aus dem Artikel von der Bettina Hahne noch die drei möglichen Entrückungs-Positionen zusammenfassend dargestellt worden: [14]

Vorentrückung	„Pre-Wrath Rapture	Nachentrückung
Geschieht still und überraschend	Geschieht für alle sichtbar	Geschieht für alle sichtbar
Der „Tag des Herrn" ist vom „Tag Christi" zu unterscheiden. Der „Tag Christi" ist der Tag der Entrückung. Der „Tag des Herrn" ist die Ausschüttung des Zornes Gottes und dauert die ganze sieben-jährige Trübsal an.	Am „Tag des Herrn" findet die Entrückung statt, direkt danach beginnt der Zorn Gottes. Der „Tag des Herrn" (Zorn) dauert mindestens fünf Monate (Offenbarung 9,5) und bis zu dreieinhalb Jahre.	Am „Tag des Herrn" findet die Auferstehung der Toten, die Entrückung und direkt danach die endgültige Wiederkunft Christi statt. Meistens wird er wirklich nur als 24-Stunden-Tag angesehen.
Die Entrückung ist jederzeit möglich (größte Naherwartung).	Tag und Stunde der Entrückung sind unbekannt, aber der Zeitraum ist erkennbar am Auftreten des Antichristen.	Genauer Tag und Stunde sind unbekannt, aber relativ berechenbar, da gegen Ende der siebenjährigen Trübsal.
Die Gemeinde wird vor der siebenjährigen Trübsal bewahrt.	Die Gemeinde erlebt mindestens die ersten dreieinhalb Jahre der Trübsal.	Die Gemeinde muss durch die ganze siebenjährige Trübsal hindurch.
Der Zorn Gottes beginnt mit der siebenjährigen Trübsal (Daniels 70. Jahrwoche).	Der Zorn Gottes beginnt erst zwischen dem sechsten und siebten Siegel und zwar irgendwann in der zweiten Hälfte von Daniels 70. Jahrwoche.	Zorn Gottes wird erst gegen Ende der siebenjährigen Trübsal ausgeschüttet, davor herrscht der Zorn des Antichristen.
Die Gemeinde erlebt den Antichristen nicht.	Die Gemeinde erlebt den Antichristen zumindest kurz.	Die Gemeinde erlebt die ganze Zeit des Antichristen.
Die Endzeitrede Jesu in Matthäus 24,14ff. richtet sich an Israel und an später bekehrte der siebenjährigen Trübsal und beschreibt Jesu Wiederkunft zum Weltende.	Die Endzeitrede Jesu betrifft Israel sowie die Gemeinde. Und beschreibt die Entrückung durch Jesus während der siebenjährigen Trübsal.	Die Endzeitrede Jesu betrifft Israel sowie die Gemeinde und beschreibt die Entrückung und Wiederkunft Jesu am Ende der siebenjährigen Trübsal.

Auch wenn unbestimmt bleibt, wann die Entrückung stattfindet, werden wir von Jesus - wie nachstehend - auf die Ereignisse hingewiesen, die geschehen werden:
„Und ich sah Throne und sie setzten sich darauf und ihnen wurde das Gericht übergeben. Und

ich sah die Seelen derer, die enthauptet waren um des Zeugnisses von Jesus und um des Wortes Gottes willen und die nicht angebetet hatten das Tier und sein Bild und die sein Zeichen nicht angenommen hatten an ihre Stirn und auf ihre Hand; diese wurden lebendig und regierten mit Christus tausend Jahre.

*Die anderen Toten wurden nicht wieder lebendig, bis die tausend Jahre vollendet wurden. **Dies ist die erste Auferstehung**. Selig ist der und heilig, der teilhat an der ersten Auferstehung. Über diese hat der zweite Tod keine Macht; sondern sie werden Priester Gottes und Christi sein und mit ihm regieren tausend Jahre.*

Dieser Text enthält mehrere sich voneinander unterscheidende Aussagen zu der Zeit nach Jesu zweitem Kommen. Z. B. das des Nicht-wieder-lebendig -werdens der anderen Toten nach dem Völkergericht an den Heidenvölkern und das des Wieder-lebendig-werdens der Märtyrer.

In Vers 4 sieht Johannes Throne, auf die sich die setzen, denen das Gericht übergeben wird. Zu denen, die die Welt richten werden, gehören die Märtyrer, die sich - gemäß Offenbarung 7,9-14 - gekommen aus der großen Trübsal im Himmel befanden. Gemäß Vers 4b werden diese mit Christus tausend Jahre auf der Erde regieren.

Nach Vers 6 sieht der Seher also alle diejenigen, die sich zum Völkergericht auf Throne setzen. Zu diesen gehören nach Matthäus 19,28 offenbar alle Heiligen, d. h. gehört die vollendete Gemeinde, die nach der Entrückung und ersten Auferstehung bei Jesus ist. Denn in 1. Korinther 6,2 (Luther 84) steht:

„Wisst ihr nicht, dass die Heiligen die Welt richten werden."

Es sind also zuerst diejenigen Heiligen, die an ihrer Entrückung teilgenommen haben. Dazu werden auch die gehören, die noch während der Trübsalzeit zum Glauben an Jesus gekommen sind. Außerdem gehören auch die erlösten Heiligen des A. T zu ihnen. Erst mit diesen allen findet die erste Auferstehung ihren Abschluss. Sie werden Priester Gottes und Christi sein.

Zur Auferstehung der Heiligen des A T fand ich eine interessante Auslegung im Bibel-Panorama. Sie sagen, dass vor dem Zeitpunkt des zweiten Kommens Jesu zum Völkergericht an den lebenden Heidenvölkern und bevor er den Schafen zu seiner Rechten (den Gerechten) den Eingang zum Leben im tausendjährigen irdischen Reich zuweist, dem Seher Johannes auch ein Blick auf die Hochzeit des Lammes im Himmel und auf die glückseligen Hochzeitgäste gewährt wurde und sagen weiter:

So findet die erste Auferstehung schließlich ihren Abschluss mit dem Hochzeitmahl des Lammes.[15]

Dies dürfte auf den nach der Schlacht bei Harmagedon zum Glauben an Jesus gekommenen Rest des Volkes Israel wohl nicht zutreffen. Sicher scheint zu sein, dass diese zwar mit Christus im Tausendjährigen Reich auf der Erde regieren, aber **nicht** zur vollendeten Gemeinde Jesu gehören werden, **wie die gerechten Schafe**. Dies könnte ebenso auch auf diejenigen zutreffen, die während des Tausendjährigen Reichs noch zum Glauben an Jesus kommen, die dann am Ende des Tausendjährigen Reichs zum Leben auf der neuen Erde auferstehen werden.

Diese werden zu den Völkern auf der neuen Erde gehören. Ihr Wohnsitz wird wahrscheinlich nur auf dieser, aber nicht in der Heiligen Stadt Jerusalem sein.

Sie werden aber dennoch in einer gesegneten Beziehung zu der heiligen Stadt Jerusalem stehen. Gemäß Offenbarung 21,1-2 gibt es zwei sich für ihre Bewohner unterscheidende Wohnorte auf der neuen Erde. Dies, weil sich die Wohn- und Wirkungsbereiche der beiden Gruppen grundsätzlich voneinander unterscheiden. So werden die einen Wohnung nehmen in der

Heiligen Stadt, dem neuen Jerusalem von Gott aus dem Himmel herabgekommen, die anderen die neue Erde bevölkern. (näheres dazu siehe **Punkt 10.3** „Der neue Himmel und die neue Erde (Offenbarung 21 und 22)".

Dann ist von den anderen Toten die Rede, die aber nicht wieder lebendig werden, bis die tausend Jahre vollendet sind. Bei diesen kann es sich nur um die Ungerechten aller Zeiten handeln. Von denen wird niemand Anteil an der ersten Auferstehung haben und auch nicht - nach dem Völkergericht im Tausendjährigen Reich - zu den überlebenden Gerechten gehören. Bei ihrer Auferstehung handelt es sich um die zweite. Für diese Kinder der Finsternis geht es - am Ende des Tausendjährigen Reiches zurzeit des Jüngsten Tages - nur noch um Gericht. Dies vor dem großen weißen Thron, nach der letzten großen Empörung Satans und seines Gefolges. Nach ihrer Auferstehung werden diese den zweiten Tod erleiden.
Leider werden manche Bibeltexte nicht entsprechend dem griechischen Grundtext übersetzt. Der Text z. B. von Johannes 6,39-40 (Luther 1984) wird nämlich wie folgt wiedergegeben:
„*Das ist der Wille dessen, der mich gesandt hat, dass ich nichts verliere von allem, was er mir gegeben hat, sondern dass ich's „ auferwecke am Jüngsten Tage. "* So auch der Text in Johannes 11,24, in dem Marta zu Jesus über ihren Bruder Lazarus sagt:
„*Ich weiß wohl, dass er* auferstehen wird - bei der Auferstehung am Jüngsten Tage".

Anmerkung:
Im griechischen Originaltext ist in allen Texten nicht vom Jüngsten, sondern vom letzten **Tag die Rede**. Lazarus dürfte dagegen, gemäß Johannes 11,24, schon an der 1. Auferstehung teilnehmen. In diesem Sinne ist dann für die vollendeten Gerechten diese - im Zuge ihrer Entrückung - ihr letzter Tag gewesen. Dieser Tag hängt zusammen mit dem Tag des Herrn bei der Wiederkunft Jesu zum Weltgericht an den Heidenvölkern (siehe auch Punkt 8.3 „Das Völkergericht an den Heidenvölkern"). Das trifft auch auf die Ausführungen von Johannes 6,39-40 zu. Für die Ungerechten aber ist das Jüngste Gericht vor dem großen weißen Thron dann der letzte Tag.

2.3 Das Offenbarwerden vor dem Richterstuhl
Dazu folgende Bibelstellen:
Hebräer 9,27 (Luther 84):
„*Und wie dem Menschen bestimmt ist einmal zu sterben und danach das Gericht.* "
Römer 14,10 (Luther 84):
„*Wir werden alle vor den Richterstuhl Gottes gestellt werden.* "
Für sich alleinstehend scheinen die beiden Sätze auszusagen, dass alle Menschen für das Gericht bestimmt sind, weil nach der Aussage des Textes alle Menschen vor dem Richterstuhl Gottes zu erscheinen haben. So stellt sich die Frage, was man sich darunter vorzustellen hat.
Aus dem Kontext der Bibel geht nämlich hervor, dass es Gerichte gibt, die zur Verurteilung führen und anderseits ein solches, bei dem dies nicht der Fall ist. Eindeutig bezeugt ist dies im Text von Johannes 3,18 (Luther 84), in dem Jesus sagt:
„*Wer an mich glaubt, wird nicht gerichtet, wer aber nicht glaubt, der ist schon gerichtet, denn er glaubt nicht an den Namen des eingeborenen Sohnes Gottes.* "
Und auch in Johannes 5,24 (Luther 84) bestätigt Jesus ausdrücklich den vorstehenden Text, wenn es in diesem heißt:
„*Wahrlich, wahrlich ich sage Euch: Wer mein Wort hört und glaubt dem, der mich gesandt hat, der hat das ewige Leben und kommt nicht in das Gericht, sondern er ist vom Tode zum Leben hindurchgedrungen.* "

Gerichtet werden also nur diejenigen, die nicht an Jesus geglaubt haben. Diese werden vor dem Richterstuhl Gottes zum Gericht zu erscheinen haben. Für die Gemeinde Jesu nehmen die Dinge aufgrund ihres Verhaltens einen völlig anderen Verlauf. Der Apostel Paulus formuliert dies in 2. Korinther 5,9-10 (Luther84) wie folgt:

„Darum setzen wir auch unsere Ehre darein, ob wir daheim oder in der Fremde sind, dass wir ihm wohlgefallen. Denn wir müssen alle offenbar werden vor dem Richterstuhl Christi, damit jeder seinen Lohn empfange für das, was er getan hat bei Lebzeiten, es sei gut oder böse."

So geht es für die Geretteten nicht um Gericht, sondern um Lohn. Weil es aber für diese um Belohnung (oder auch nicht) geht und diese der Preis für Gott wohlgefällige Werke darstellt, wird dieses Ereignis auch „Preisgericht" genannt.

2.4 Das Preisgericht

Bei diesem geht es also um Menschen, die nach ihrer Auferstehung mit ihren Werken auch *„offenbar werden vor dem Richterstuhl Christi"*, aber dabei nicht gerichtet werden, sondern für das, *„was sie getan haben bei Lebzeiten, es sei gut oder böse"*, Lohn (oder auch nicht) bekommen, gemäß dem obigen Text von 2. Korinther 5,10. Bei denen, die Lohn erhalten, handelt es sich um diejenigen, deren Werke nach dem Willen Gottes getan wurden. Worin dieser Lohn besteht, dazu äußert sich die Bibel nicht. Sehr tröstlich ist aber, dass nicht nur diese, sondern auch die anderen, die keine belohnenswerten Werke vorzuweisen haben, vor Gott - als durch den Glauben an Jesus Geheiligte und mit dem Vater Versöhnte - erlöst bleiben und so auch ewiges Leben haben.

Im Unterschied dazu geht es bei dem zweiten Kommen Christi - nach der Schlacht von Harmagedon - um echtes Gericht an den überlebenden Heidenvölkern und ebenso dann beim Jüngsten Gericht vor dem großen weißen Thron. Gerichtet werden dabei solche Menschen, die zu ihren Lebzeiten nicht bereit waren, Gottes Willen zu tun, nämlich seine Gebote zu halten, welche gut sind, weil Gott selbst gut ist und das Beste für jeden will. Damit handelt es sich um jene, die nicht bereit waren einzulenken und Jesus um Vergebung für ihre Sünde zu bitten. Dadurch unterscheiden sie sich grundlegend von denen, die am Preisgericht teilnehmen dürfen. Aber auch die Rettung derjenigen geschieht nicht auf der Basis ihrer Werke, wie dies der Apostel Paulus in 2. Timotheus 1,9 (Luther 84) deutlich zum Ausdruck bringt:

„Er hat uns selig gemacht und berufen mit einem heiligen Ruf, nicht nach unseren Werken, sondern nach seinem Ratschluss und der Gnade, die uns gegeben ist in Jesus Christus vor der Zeit der Welt.

„Nicht nach unseren Werken" bedeutet aber nicht, dass unsere Werke bedeutungslos sind, weil der Glaube, wenn er nicht Werke hat, *„in sich selber tot"* ist, wie dies in Jakobus 2,17 ausgedrückt ist. So geht es trotzdem um die Frage, wie mit den anvertrauten Gaben gehaushaltet wurde.

Auf dem Prüfstand wird dabei nicht nur das Außergewöhnliche stehen, sondern wie wir unsere von Gott geschenkten Talente ansonsten eingesetzt und was wir mit dem uns Anvertrauten gemacht haben. Das heißt, welche Frucht im Sinne Gottes bewirkt wurde, da unser Leben von Gott für das Fruchtbringen angelegt ist. Deshalb werden wir mit dem Erreichten (oder evtl. auch Nichterreichten) vor dem Richterstuhl Jesu Christi „offenbar" werden. Vor diesem wird dann nur derjenige Belohnung erhalten, der in seinem Leben etwas Belohnenswertes getan hat. Worum es daher beim Preisgericht geht und was in diesem „offenbar wird", bringt nun der Text in 1. Kor 3, 11-15 (Interlinearübersetzung) zum Ausdruck:

„Denn einen anderen Grund niemand kann legen als den gelegten, der ist Jesus Christus. Wenn

jemand aufbaut auf den Grund Gold, Silber, wertvolle Steine, Holz, Stroh, eines jeden Werk wird offenbar werden, denn der Tag wird (es) kundmachen, weil im Feuer es offenbar wird, und eines jeden Werk, wie beschaffen es ist, das Feuer es wird erproben. **Wenn jemandes Werk bleiben wird***, das er darauf gebaut hat,* **Lohn wird er empfangen***; wenn jemandes Werk verbrennen wird, wird er bestraft werden, er selbst aber wird gerettet werden, doch so wie durch Feuer. "*

Das Fundament eines jeden Gläubigen ist Jesus Christus. Das heißt, dass sein Heil von Bestand ist, auch wenn die Werke verbrennen. So ist man trotzdem gerettet, doch so wie durch die reinigende Kraft, die das Feuer besitzt, wie es die Heilige Schrift ausgedrückt (Vers 15). Dies ist ungemein tröstlich, weil niemand wissen kann, ob seine Werke vor Gott von Bestand sein werden.

3. Der Kampf Satans mit dem Volk Gottes des Alten und des Neuen Testaments

In Offenbarung 12 wird dem Seher Johannes in einem großen Längsschnitt der Kampf zwischen dem Fürsten dieser Welt, Satan, mit dem Volk Israel und der Gemeinde Jesu dargestellt. Dabei wird deutlich werden, dass bei der Vision des Johannes das Bild der „Frau" als Synonym gleichermaßen auf beide Heilsträger (d. h. auf das Volk Israel und die Gemeinde Jesu) Anwendung findet, deren Heilslinien sich zwar deutlich voneinander unterscheiden, die jedoch Schnittstellen aufweisen. Im Text wird sowohl Geschichtliches als auch noch in der Zukunft liegendes Geschehen dargestellt.

3.1 Der Kampf zwischen Drachen und der visionären Frau

Zuerst erscheint dem Apostel Johannes also das Bild einer Frau. Was er sieht beschreibt er in Offenbarung 12,1-6 (Luther 84):

„ Und es erschien ein großes Zeichen am Himmel: eine Frau mit der Sonne bekleidet, und der Mond unter ihren Füßen und auf ihrem Haupt eine Krone mit 12 Sternen. Und sie war schwanger und schrie in Kindesnöten und hatte große Qual bei der Geburt.
Und es erschien ein anderes Zeichen am Himmel. und siehe, ein großer roter Drache, der hatte sieben Häupter und zehn Hörner und auf seinen Häuptern sieben Kronen und sein Schwanz fegte den dritten Teil der Sterne des Himmels hinweg und warf sie auf die Erde. Und der Drache trat vor die Frau, die gebären sollte, damit er, wenn sie geboren hätte, ihr Kind fräße. Und sie gebar einen Sohn, einen Knaben, der alle Völker weiden sollte mit eisernem Stabe. Und ihr Kind wurde entrückt zu Gott und seinem Thron. Und die Frau entfloh in die Wüste, dass sie dort ernährt werde tausendzweihundertundsechzig Tage" (dreieinhalb Jahre).

Benedikt Peters kommt in seinem Buch „Geöffnete Siegel" zu der Aussage, dass Johannes „nur" ein Zeichen sieht. Was aber stellt das Zeichen dar? Wie Peters meint, sieht Johannes kein Gesicht, so dass er nicht die Jungfrau Maria gesehen haben kann. So sah er wohl nicht eine wirkliche Person, sondern symbolisch eine Frau für etwas Anderes und sagte
Es ist, wie so oft im Alten und im Neuen Testament, ein Bild für das Volk Gottes. Israel wird Braut (Jesaja 2,2) und auch Ehefrau des Herrn genannt (Jesaja 54,6), als untreues Volk heißt es Ehebrecherin (Hesekiel 16,33), als vom Herrn Verstoßene (Jesaja 54,1). Das Zeichen bedeutet, dass hier gezeigt wird was Israel nach Gottes Gedanken sein soll und einst sein wird. Er hat es vor allen Völkern ausgesondert (2. Mose 19,5), um es zum Haupt der Nationen zu machen (5. Mose 28,13). Das nämlich bedeutet die Sonne, mit der das Weib bekleidet ist:
Der Mond steht für untergeordnete Autoritäten. Diese sind unter den Füßen der Frau. Im Tausendjährigen Reich wird Israel Lehrer, Führer und Haupt der Nationen sein. Der Kranz von 12 Sternen spricht von der vollkommenen Verwaltung der Erde (die Sterne sind von Gott eingesetzte Autoritäten), die von Israel ausgehen wird. " [16]

Berechtigt ist die Annahme, dass die 12 Sterne die 12 Stämme Israels symbolisieren, die einst im Tausendjährigen Reich wieder vollständig vertreten sein werden.
Im Text wird das Erscheinungsbild eines feuerroten Drachen geschildert, der Satan darstellt, der noch weiter Gegenstand der Betrachtung sein wird. Dieser Drache stand vor der Frau, die im Begriff war zu gebären, auf dass er, wenn sie geboren hätte, ihr Kind verschlänge. Gesagt wird, dass sie einen männlichen Sohn gebar, der alle Nationen weiden soll mit eiserner Rute

und dass ihr Kind entrückt wurde zu Gott und seinem Thron. Die Frau floh in die Wüste, wo sie eine von Gott bereitete Stätte fand, auf dass man sie dort ernähre, 1260 Tage. Satan ist stets mit dem alten und dem neuen Gottesvolk gleichzeitig befasst. Die 1260 Tage beziehen sich aber auf die letzten dreieinhalb Jahre seines Wirkens.

Genau zu Beginn dieses Zeitpunkts bricht der Antichrist seinen Vertrag mit dem Volk Israel (siehe **Punkt 6.1** „Der Bund des Antichristen mit Israel") wegen der Geschehnisse, die z. B. nach Matthäus 24, 15-22 eintreten. Danach richtet er ein „Gräuelbild der Verwüstung in der heiligen Stätte Israels (möglicherweise der neuerbaute Tempel) auf und verlangt die Anbetung seines Bildes, die die gläubigen Juden aber konsequent ablehnen und deshalb als erste auf das Schlimmste verfolgt werden.
Berechtigt ist die Annahme, dass der Ort - an dem die Verwüstung angerichtet wird - sich in Jerusalem befindet. Im Text von Matthäus 24,16 wird nämlich Judäa erwähnt, weil die Flucht ergreifen soll, wer von den Juden sich dort noch aufhält. Somit sind zu diesem Zeitpunkt davon nur die Juden betroffen.

In seinen Ausführungen in der Wuppertaler Studienbibel versteht Adolf Pohl das Bild von der Frau auf der Flucht doppelsinnig. Er meint, wie schon zuvor Benedikt Peters, dass es in Offenbarung 12,1-2 und bis Vers 6 tatsächlich hier erst um Israel gehe und schließlich ab Vers 7ff. auch Christen davon betroffen sein werden. Pohl vertritt seine Vorstellung für den Verlauf der Ereignisse bis Vers 6 wie folgt:
„*Ein Zeichen ist keineswegs die Sache selbst, sondern immer nur ein Hinweis darauf. Das Weib ist in den Versen 1-2 das auf den Messias wartende Jerusalem im Sinne des alttestamentlichen Gottesvolkes. Da dieser Messias in Israel geboren ist, >>ist die Frau<< also die Messias-Mutter, dann aber auch die Mutter aller Gläubigen.*
„*Keineswegs ist sie Maria, wie die frühere katholische Auslegung lehrte, die hier Maria als Himmelskönigin verehrte und in unzähligen Bildern darstellen ließ.*
Dieses Weib ist durch ihren Mann (Jahwe) geschmückt (vgl. Jesaja 61,10; Offenbarung 19,7; 21,2). Johannes schaut sie in göttlicher Pracht, umgeben mit allem, was der Himmel an Licht anzubieten hat, mit der Sonne bekleidet, dem kosmischen Sinnbild der Lichtherrlichkeit Gottes. Und der Mond unter ihren Füßen. Den Erdsatelliten mit seiner Erdnähe, seinen naturbewegten Kräften, gegenüber der Sonne stark der Erde zugeordnet.
Auf ihrem Haupt trägt sie eine Krone von zwölf Sternen. Sollte sie in Übereinstimmung mit 1. Mose 37,16 auf die zwölf Erzväter Israels hinweisen? Dann käme zur Hoheit des Himmels und der Erde auch noch die Heilsgeschichte (z. B. ihre Rolle bei der Versiegelung der 144000 und im Tausendjährigen Reich), dazu."
Den Text ab Vers 2 kommentiert Pohl weiter noch so:
Plötzlich schlägt alles um in ein Bild des Elends. Johannes schaut jetzt das bedauernswerte Bild höchster Wehrlosigkeit. Und sie ist schwanger und schreit, Wehen leidend und sich quälend zu gebären. In diesem Augenblick erschien ihm ein anderes Zeichen im Himmel.
Kein Ausleger zweifelt daran, dass hier das Urbild des Satans geschaut wird. Und siehe, ein großer feuerroter Drache. Er hat sieben Köpfe. Man denkt an das Ungeheuer in Daniel 7,7 >>und fraß um sich<<. Und seine Kraftfülle zehn Hörner. So wieder in Daniel 7,7; auch noch Offenbarung 13,1 und 17,3-7.
Die Zehnzahl deutet Totalität der politischen Macht an. Dieser Drachen ist der Fürst dieser Welt. Damit hängt seine Hoheit zusammen. Und auf seinen Köpfen sieben Diademe. Diademe waren als Wahrzeichen der persischen Großkönige bekannt geworden.

Es ist wichtig, dass der Drache hier in dieser Würde geschaut wird. So muss er den Messias, den anderen Diademträger (Offenbarung 19,12), als Rivalen empfinden. Und sein Schwanz schleift mit sich den dritten Teil der Sterne des Himmels und warf sie auf die Erde. "[17]

Anmerkung:
Die Ausleger verstehen hier nicht wirkliche Sterne, die auf die Erde geworfen werden, weil die Erde dies nicht überstehen würde. Engel werden auch als Sterne dargestellt, so dass es sich bei dem dritten Teil der Sterne, die auf die Erde geworfen werden, um Satans Gefolge - also die von Gott abgefallenen Engel - handeln dürfte.

3.2 Der Kampf im Himmel mit Satan und dessen Auswirkungen

Wie schon in Offenbarung 12,4 mit dem Halbsatz „*und sein Schwanz fegte den dritten Teil der Sterne des Himmels hinweg und warf sie auf die Erde*", angedeutet wurde, kommt es vorher zum Kampf im Himmel mit Satan. Die Geschehnisse würden die Verhältnisse für das Volk Israel und die Gemeinde Jesu auf Erden völlig unerträglich machen, würde Gott nicht eingreifen. Zunächst die diesbezüglichen Vorkommnisse, die nun in Offenbarung 12,7-12 (Luther 84) wie folgt näher beschrieben werden:

„Und es entbrannte ein Kampf im Himmel: Michael und seine Engel kämpften gegen den Drachen. Und der Drache kämpfte und seine Engel, und sie siegten nicht, und ihre Stätte wurde nicht mehr gefunden im Himmel.

Und es wurde hinausgeworfen der große Drache, die alte Schlange, die da heißt Teufel und Satan, der die ganze Welt verführt, und er wurde auf die Erde geworfen, und seine Engel wurden mit ihm dahingeworfen.

Und ich hörte eine große Stimme, die sprach im Himmel: Nun ist das Heil und die Kraft und das Reich unseres Gottes geworden und die Macht seines Christus; denn der Verkläger unserer Brüder ist verworfen, der sie verklagte Tag und Nacht. Und sie haben ihn überwunden durch des Lammes Blut und durch das Wort ihres Zeugnisses und haben ihr Leben nicht geliebt, bis hin zum Tod. Darum freut euch ihr Himmel und die darin wohnen! Weh aber der Erde und dem Meer! Denn der Teufel kommt zu euch hinab und hat einen großen Zorn und weiß, dass er wenig Zeit hat".

Mit dem Wort „Meer" als Synonym dürfte wieder die Völkerwelt gemeint sein.

Im vorstehenden Text sind hier nun auch Christen angesprochen und was ihnen zustößt. Viele von ihnen werden wegen ihres Glaubens und weil sie auch das Bild des Antichristen nicht anbeten werden, schließlich den Tod erleiden, wozu besonders die Märtyrer der Endzeitzeit gehören. Aber einige werden bei der Verfolgung von Satan dem Tod entrinnen.
Pohl:

„Der Satan spürt ihr dieses Darinstehen in der messianischen Siegesgeschichte ab und wendet ihr darum einen unlöschbaren Grimm zu. Da schaut Johannes das große Bild der Bewahrung der Gemeinde Jesu", die der Text von Offenbarung 12,13-14 (Luther 84) beschreibt:

„Und als der Drache sah, dass er auf die Erde geworfen war, verfolgte er die Frau, die den Jungen geboren hatte, Und es wurden der Frau gegeben die zwei Flügel des großen Adlers, dass sie in die Wüste flöge an ihren Ort, wo sie ernährt werden sollte eine Zeit und zwei Zeiten und eine halbe Zeit fern von dem Angesicht der Schlange. "
Pohl:

Was den Fluchtort anbetrifft stellen wir uns nicht eine Wüste vor, in der kein Mensch leben kann. Die Wüste zielt nicht auf einen geographischen Ort ... . Die Wüste konnte seit Israels

Flucht vor dem >>Drachen Ägypten<< als Inbegriff der Bewahrung und der Erhaltung durch Gottes große Wunder verstanden werden" [18]

Das Bild der Frau - die den Knaben (den Messias) gebar - stellt im **Punkt 3.1** den alten Bund Gottes mit dem Volk des Alten Testamentes dar, so symbolisiert dieses Bild von der Frau im vorstehenden Text von Offenbarung 12,13 den auch neuen Bund Gottes mit der christlichen Gemeinde. Gemäß diesem Vers verfolgt der auf die Erde geworfene Drache in der Frau, die den Knaben (den Messias) gebar, jetzt also doppelsinnig auch die Christen.

Offenbarung 12,15-17, Luther 84:

Das Synonym für Satan *„die Schlange stieß aus ihrem Rachen Wasser aus wie einen Strom hinter der Frau her, um sie zu ersäufen. Aber die Erde half der Frau und tat ihren Mund auf und verschlang den Strom, den der Drache ausstieß aus seinem Rachen. Und der Drache wurde zornig über die Frau und ging hin zu kämpfen gegen die Übrigen von ihrem Geschlecht, die die Gebote Gottes halten und das Zeugnis Jesu haben."*

Wie Adolf Pohl es ausdrückt, begegnen wir hier wieder der Paradiesschlange und haben es mit einer Gleichsetzung mit derselben zu tun. Er sagt, dass der Schluss des Verses 9 die Verführer-Funktion, also das Schlangenhafte, ausdrücklich hervorhebt.

Diesen Kampf führt Satan nicht allein. Mit dem Strom dürften seine Schergen gemeint sein. Die Bibel spricht davon, dass die Erde sie verschlang, auf welche Weise wird uns nicht gesagt. Für die Gemeinde bedeutet dies ein Aufatmen, denn der Verkläger ist gestürzt. Sie steht aber jetzt trotzdem in gesteigerter Kampf- und Leidenserfahrung, da Satans Machtbereich auf die Erde beschränkt ist.

Die Wendung, *„und ging hin zu kämpfen gegen die Übrigen von ihrem Geschlecht"* enthält kein Ablassen des Zornes gegen die Frau. Es geht neben der Verfolgung des alten Gottesvolkes jetzt hauptsächlich um die Verfolgung des neuen Gottesvolkes und er versucht mit allen Mitteln beide umzubringen. Wie schon gesagt, verkörpert die Frau inzwischen auch die auf der Flucht vor Satan befindlichen Christen während der großen Trübsal. So richtete sich sein Zorn gemäß Vers 17 (weil er die Frau nicht umbringen kann) auch noch gegen die Übrigen ihrer Nachkommenschaft, die noch die Gebote Gottes halten und das Zeugnis Jesu haben.

Die Flucht und auch die Bewahrung des alten und des neuen Volkes werden, wie gesagt, in der zweiten Hälfte der Zeit der großen Trübsal geschehen, die auf die in Offb. 13 geschilderten Ereignisse zurückzuführen sind (näheres dazu in den folgenden **Punkten 4.1 - 4.4**), die erst das volle Verständnis für das Geschilderte ermöglichen.

4. Der Antichrist und sein Reich

4.1 Die Entstehung des antichristlichen Welteinheitsstaates

Dieses Staatsgebilde basiert auf vier Herrscherhäusern, die seit dem Herrscher Nebukadnezar (605-562 v. Chr.) zustande gekommen sind, vorrangig aber auf dem des Römischen Weltreiches als dem letzten. Der Prophet Daniel hat dieses historische Geschehen lange vor unserer Zeit in einer Vision so vorausgesehen, wie es historisch exakt eingetreten ist. In dem Text von Daniel 1,1 sagt er dazu, dass er im ersten Jahr Belsazars (552-543 v. Chr.), des Königs von Babel, einen Traum und Gesichte auf seinem Bett hatte und schrieb den Traum auf. Und dies ist der Inhalt des Textes von Daniel 7,3-7:

„Und vier große Tiere stiegen herauf aus dem Meer, ein jedes anders als das andere. Das erste war wie ein Löwe und hatte Flügel wie ein Adler. Ich sah, wie ihm die Flügel genommen wurden. Und es wurde von der Erde aufgehoben und auf zwei Füße gestellt wie ein Mensch und es wurde ihm ein menschliches Herz gegeben.

Und siehe, ein anderes Tier, das zweite, war gleich einem Bären und war auf der einen Seite aufgerichtet und hatte in seinem Mund zwischen seinen Zähnen drei Rippen. Und man sprach zu ihm: steh auf und friss viel Fleisch!

Danach sah ich und siehe, ein anderes Tier, gleich einen Panther, das hatte vier Flügel wie ein Vogel auf seinem Rücken und das Tier hatte vier Köpfe und ihm wurde große Macht gegeben.

Danach sah ich in diesem Gesicht in der Nacht und siehe, ein viertes Tier war furchtbar und schrecklich und sehr stark und hatte große eiserne Zähne, fraß um sich und zermalmte, und was übrigblieb zertrat es mit seinen Füßen. Es war auch ganz anders als die vorigen Tiere und hatte zehn Hörner.“

In seinem Buch „Was wird aus dieser Welt?" schreibt Joachim Langhammer:
Diese sieben Häupter (Köpfe) stellten die sieben gottlosen Dynastien der vier alten Weltreiche dar, verkörpert durch die nachstehenden sieben Herrscherhäuser:

1. Das erste Haupt (erstes Weltreich Babylon) ist nach Daniel 7,4 gleich einem Löwen, der seinen Rachen aufsperrt, dessen repräsentativer Herrscher Nebukadnezar (605-562 v. Chr.) war.
2. Das zweite Haupt (zweites Weltreich Medo-Persien) ist nach Daniel 7.5 ein anderes Tier gleich einem Bären, dessen bekanntester Herrscher Kyros II. (559-530 v. Chr.) hieß.
3. Das dritte Haupt ist Griechenland. Nach Daniel 7,6 gleicht dieses Tier einen Panther, der vier weitere Häupter besaß. Der Herrscher dieses Weltreichs war zwar zunächst Alexander der Große (356-323 v. Chr.). Weil er aber sehr früh verstarb, wurden seine vier Generale seine direkten Nachfolger. Diese vier waren als drittes Haupt Seleukos (Griechenland/Syrien/Babylonien), als viertes Haupt Ptolemaios (Griechenland/ Ägypten), als fünftes Haupt Lysimachos (Griechenland/ Thrakien/Kleinasien) und als sechstes Haupt Kassander (Mutterland Griechenland/Makedonien).
4. Es geht bei dem vierten Tier um das des römischen Weltreichs in Rom (7. Haupt), dem z. B. u. a. der römische Kaiser Oktavian (63-44 v. Chr., der den Beinamen Augustus erhielt) vorstand.

Zu erwarten ist, dass das antichristliche Endzeitreich nicht nur aus dem ehemaligen römischen Weltreich hervorgeht, obwohl dieses eine Schlüsselrolle einnehmen wird. [19]
*der auf dem Pferde saß, und mit seinem Heer.*obigen prophetischen Text von Daniel 7,3-6 in

voller Übereinstimmung sind. Es ist alles buchstäblich so eingetroffen, wie Daniel es vorausgesehen hat. Was er außerdem voraussah, schildert er in Daniel 7,8:

„Als ich aber auf die Hörner achtgab, siehe, da brach ein anderes kleines Horn zwischen ihnen hervor, vor dem drei der vorigen Hörner ausgerissen wurden. Und siehe das Horn hatte Augen wie Menschen Augen und ein Maul; das redete große Dinge".

Seine Gesichte konnte er zu diesem Zeitpunkt nicht einordnen und verstehen und sagt dies auch in Daniel 7,19-20 (Luther 84) ganz deutlich:

„Danach hätte ich gerne Genaueres gewusst über das vierte Tier, das ganz anders war als alle anderen ... und über die zehn Hörner auf seinem Haupt und über das andere Horn, das hervorbrach, vor dem drei ausfielen; und es hatte Augen und ein Maul, das große Dinge redete, und war größer als die Hörner, die neben ihm waren."

Und er *„ging zu einem von denen, die dastanden und bat ihn"*, dass er ihm *„über das alles Genaueres berichtete"*. Dieser redete mit ihm und erklärte ihm, *„was es bedeutete"* (Vers 16).

Die Antwort, die er erhalten hat, beschreibt er dann in dem folgenden Vers 24:

„Die zehn Hörner bedeuten zehn Könige, die aus diesem Königreich hervorgehen werden. Nach ihnen aber wird ein anderer aufkommen, der wird ganz anders sein als die vorigen und wird drei Könige stürzen."

Daniel sieht also, dass drei von ihnen gestürzt und ersetzt werden durch das kleine Horn. So erscheint dieses unter den anderen sieben als achter Herrscher. Interessant ist, dass der Text von Offenbarung 17, 11-13 (Luther 84) offenbart, um wen es sich dabei eigentlich handelt:

***„Und das Tier, das gewesen ist und jetzt nicht ist, das ist der achte** und ist eines von den sieben und fährt in die Verdammnis (ins Verderben heißt es im griechischen Grundtext)".*

Und die zehn Hörner, die du gesehen hast, das sind 10 Könige, die ihr Reich noch nicht empfangen haben; aber wie Könige werden sie für eine Stunde Macht empfangen zusammen mit dem Tier. Diese sind eines Sinnes und geben ihre Kraft und Macht dem Tier."

Anmerkung:

Der achte Herrscher (das kleine Horn) ist schließlich der in **Punkt 4.3** „Näheres zur Beschaffenheit des ersten Tieres" mit dem Antichristen in Erscheinung tretende. Er ist es, der ins Verderben fährt, weil er eine tödliche Wunde empfängt, aber durch ein von Satan bewirktes Wunder wieder lebendig wird. So ist das achte Tier auch das Bild für den Kommenden, der es noch nicht war, als er als achter Herrscher auf der Bildfläche erschien. Ebenso wie Johannes, sah Daniel nämlich zunächst auch, dass sich also zehn gewichtige Staaten herausbildeten, die aber noch nicht den endzeitlichen Staatenbund ausmachten, da drei von ihnen ihre Machstellung verlieren und an den achten Herrscher abzugeben haben.

Erst etwas später werden dann erneut die zehn Herrscher erkennbar, die dann dem achten - als dem inzwischen zum Antichristen mutierten - ihre Macht zur Verfügung stellen und sich ihm unterordnen. Dann werden es also wieder zehn Staaten sein, deren Macht und wer sie sind, aber erst zurzeit des endgültigen Regierungsantritts des Antichristen ganz sichtbar werden wird. Diese werden ihre Macht dann aber nur für eine kurze Zeit empfangen, um mit ihm den antichristlichen Staatenbund zu bilden.

Von Bedeutung sind an dieser Stelle noch zwei Aussagen zunächst über Satan selbst und den Antichristen, die deutlich machen, mit wem und was man es eigentlich zu tun hat:

1. *„Und er* (der Drache, Satan) *trat an den Strand des Meeres"* (Offenbarung 12,18, Luther 84), wobei damit wieder das Völkermeer gemeint ist, denn aus dem Himmel auf die Erde geworfen, haben wir Menschen es nun vermehrt mit seiner gegen Gott agierenden Person zu tun.

2. Es ist jetzt der Seher Johannes, der gemäß dem Text von Offenbarung 13,1-2 (Luther 84), das gräuliche Bild von Satans Handlanger - als dem Antichristen - zu Gesicht bekommt:

„Und ich sah ein Tier aus dem Meer (Völkermeer) steigen, das hatte zehn Hörner und sieben Häupter und auf seinen zehn Hörnern zehn Kronen und auf seinen Häuptern lästerliche Namen. Und das Tier, das ich sah, war gleich einem Panther und seine Füße wie Bärenfüße und sein Rachen wie ein Löwenrachen. Und der Drache gab ihm seine Kraft, seinen Thron und seine Macht."

Die Autoren Guthrie und Motyer sagen im „Kommentar zur Bibel" des R. Brockhaus Verlages, dass Satan als der „Affe Gottes" den Weg einer „satanischen Trinität" (Jung Stilling) beschreitet:

„Er sendet in die Menschheit hinein einen Vollstrecker seinen Willens - wie Gott in Jesus - als dessen Gegen- oder Ersatzgestalt, den Antichrist, der in allen möglichen, vorläufigen irdischen Erscheinungen, Staaten, Religionen, Bewegungen, Personen >>Fleisch werden<< (Johannes 1,14) will, bis er schließlich am Ende in einer Gestalt weltweit sein Werk vollenden wird.

Zu diesem (ersten) >>Tier aus dem Meer<< gesellt sich das zweite >>Tier aus der Erde<<, der >>falsche Prophet<<, der Ideologe und Propagandist des Antichristen, der ihn verherrlicht, so wie Jesus durch den Geist Gottes >>verklärt<< wird (Johannes 16,14).

Ihr gemeinsames, unbeirrt verfolgtes Ziel ist, das Rettungswerk Gottes, dass er durch Jesus in der Menschheit begonnen hat (Johannes 3,16) und in der Kraft seines Geistes fortführt (Johannes 14,25f), zu durchkreuzen und zunichtezumachen." [20]

In den **Punkten 4.3 und 4.4 folgt** näheres zu der Beschaffenheit und des Tuns der beiden Tiere in den sieben Jahren der 70. Jahrwoche, des „Tiers aus dem Meer" und des „Tiers aus der Erde".

4.2 Exkurs zu dem Geheimnis der siebzig Jahrwochen

4.2.1. Der bibelgeschichtliche Hintergrund

Als der Prophet Daniel betete, muss dies zur Zeit von Darius I. (Regierungszeit 522-486 v. Chr.) gewesen sein. Das geht eindeutig aus dem nachfolgenden Text von Daniel 9,1-4,7,16-17 (Luther 84) hervor:

„Im ersten Jahr des Darius, des Sohnes des Ahasveros, aus dem Stamm der Meder, der über das Reich der Chaldäer König wurde, in diesem ersten Jahr seiner Herrschaft achtete ich, Daniel in den Büchern auf die Zahl der Jahre, von denen der Herr geredet hatte zum Propheten Jeremia, dass nämlich Jerusalem 70 Jahre wüst liegen sollte. Und ich kehrte mich zu Gott, dem Herrn, um zu beten und zu flehen unter Fasten und in Sack und Asche.

Ich betete aber zu dem Herrn, meinem Gott und bekannte und sprach:

Ach, Herr, du großer und heiliger Gott, der Du Bund und Gnade bewahrst denen, die dich lieben und deine Gebote halten! Du, Herr, du bist gerecht, wir aber müssen uns alle heute schämen, die von Juda und von Jerusalem und vom ganzen Israel, die, die nahe sind, und die zerstreut sind in allen Ländern, wohin du sie verstoßen hast, um ihrer Missetat willen, die sie an dir begangen haben.

Ach Herr, um all deiner Gerechtigkeit willen wende ab deinen Zorn und Grimm von Deiner Stadt Jerusalem und deinem Heiligen Berg. Denn wegen unserer Sünden und wegen der Missetaten unserer Väter trägt Jerusalem und dein Volk Schmach bei allen, die um uns her wohnen.

Und nun unser Gott höre das Gebet deines Knechtes und sein Flehen. Lass leuchten dein Antlitz über dein zerstörtes Heiligtum um Deinetwillen, Herr. Neige dein Ohr, mein Gott und höre, tu deine Augen auf und sieh an unsere Trümmer und die Stadt, die nach deinem Namen genannt ist."

Daniel verrichtete also sein Gebet im ersten Regierungsjahr des Darius (522 bis 486v. Chr.). Dann muss das Gebet im Jahr 522 v. Chr. stattgefunden haben.

Was ihn beschäftigte war die Weissagung in Jeremia 25,11-12. Aus dieser geht hervor, dass das Land, in einer Zeit von 70 Jahren, während der Israel Babel zu dienen hatte, „wüst und zerstört *liegen soll*". Danach aber würde der König von Babel von Gott heimgesucht werden. Und was dies für das verbannte Volk Israel zu bedeuten hatte, las er im Text von Jeremia 29,10 (Luther 84), wo steht:

„Wenn für Babel siebzig Jahre voll sind, so will ich euch heimsuchen und will mein gnädiges Wort an euch erfüllen, dass ich euch wieder an diesem Ort (Jerusalem) *bringe"*

Inzwischen waren diese 70 Jahre - vom Jahr 605 bis zum Jahr 535 v. Chr. bereits 13 Jahre (535-522) - vergangen. Daniel muss auch gewusst haben, dass der persische König Kyros II., der Große (559-530) - im ersten Jahr seiner Regierung im babylonischen Reich - bereits auch schon befohlen hatte, Gott ein Haus in Jerusalem zu bauen (2. Chronik 36,22-23, Esra 1,1-4, 5,13 und 6,3). Nach dem allen, lagen derweil der Tempel und die Mauern von Jerusalem noch immer in Schutt und Asche. Das alles dürfte Daniel bei seinem Gebet vor Augen gehabt haben.

Anmerkung:

Die Erklärung dafür, wie es zu dem Befehl des persischen Königs in Babylonien gekommen war, geht aus folgendem Text in der Brockhaus Enzyklopädie hervor:

„Kyros II., der Große, König der Perser und der Gründer des altpersischen Weltreichs, konnte aber um 550 v. Chr. auch die Herrschaft über das Mederreich erringen.

Nach dem Bericht Herodots ging der Heerführer des Astyages, Harpagos zu Kyros über, Astyages wurde an Kyros ausgeliefert. Hierauf wandte sich Kyros gegen Lydien; um 546 v. Chr. fiel Sardes, der Lyderkönig Kroisos (Krösus) wurde entthront. Krysos Feldherren unterwarfen die griechischen Städte in Kleinasien.

Die dritte Großmacht, Babylonien, wurde von Kyros sieben Jahre später beseitigt. Babylon fiel im Oktober 539 v. Chr., Nabonid wurde gefangengenommen. Um seine Herrschaft in Phönikien und Syrien zu sichern, verpflichtete sich Kyros 538 v. Chr., die Rückkehr der im babylonischen Exil lebenden Juden nach Jerusalem zu erlauben." [21]

Gemäß diesem auf diese Weise entstandenen ersten Erlass von Kyros, waren die Israeliten in der Lage nach Jerusalem zu ziehen und den Tempel wieder erbauen. Das geschah auch!

In einem ersten Schritt wurde nach Esra 3,2-3 an der früheren Stätte allerdings zunächst nur der Altar Gottes gebaut, an dem die Israeliten schon Opfer darbrachten. Aber der Grund des Tempels des Herrn war noch nicht gelegt (Esra 3,6).

Wie sich herausstellen sollte, gestaltete sich der Wiederaufbau des 2. Tempels und der Mauern der Stadt Jerusalems als ein schwieriger und langwieriger Prozess. Zwar konnten die Zurückgekehrten im zweiten Jahr nach ihrer Ankunft auch den Grund zum Tempel legen (Esra 3,8 und 10), aber die Arbeit nicht fortführen, weil sie daran gehindert wurden (Esra 4,21). Deshalb wohl bat Daniel Gott inständig darum, *„wende ab deinen Zorn und Grimm von deiner Stadt Jerusalem und deinem Heiligen Berg".*

Im zweiten Jahr ihrer Ankunft konnten die Zurückgekehrten dann zwar den Grund zum Tempel legen (Esra 3,8 und 10), führten die Arbeit aber nicht fort, weil sie daran gehindert wurden (Esra 4,21). *Da hörte die Arbeit am Hause Gottes in Jerusalem auf und blieb liegen bis ins* **zweite Jahr des Darius** (522-486 v. Chr.), *des Königs von Persien"* (Esra 4,24).

Schon ein Jahr nach dem Gebet Daniels kam es durch Darius zum zweiten Erlass. Wenn der Regierungsbeginn von Darius I. im Jahr 522 v. Chr. stattfand, muss also zwei Jahre später dies im Jahr **520 v. Chr.** geschehen sein. Danach wird die Arbeit am Bau des Tempels zügig fortgesetzt. Seine Fertigstellung geschah dann im sechsten Jahr der Herrschaft des Königs Darius" (Esra 6,14-15). Das wäre dann das Jahr **516 v. Chr.** gewesen. In Nehemia 6,10 ist zu lesen, dass der Tempel erbaut und somit vorhanden war, denn es heißt in folgendem Text:
„Lass uns zusammen kommen im Hause Gottes im Inneren des Tempels, und die Türen des Tempels zu schließen; ...".
Außerdem beseitigt Nehemia einige Missstände im Tempel (Nehemia 13,1ff). So könnte Daniels Gebet dazu geführt haben, dass, wie schon gesagt, schon ein Jahr später die Arbeiten am Tempel zügig fortgesetzt wurden, so dass der Tempel errichtet werden konnte.

Es kam, aber nur in Bezug auf den Tempel, noch zu einem dritten Erlass, der jetzt von dem neuen König Artaxerxes (465-424 v. Chr.) ausging (Esra 7, 11-26). Es ging um eine Abschrift des Schreibens, das der König Esra gab, um damit ausgerüstet mit weiteren Willigen nach Jerusalem ziehen zu können. Dabei sollte Esra nachforschen, wie es in Juda und Jerusalem steht und hinbringen Silber und Gold für das Haus Gottes. Auch bei diesem Erlass ging es nur um die Finanzierung der Tieropfer im Tempel und um dasjenige, was sonst noch für das Haus Gottes gebraucht wurde. Aber die Tempelmauern lagen noch völlig danieder. Daran änderte auch der dritte Erlass nichts.

Das änderte sich erst mit dem vierten Erlass auch von Artaxerxes. Der König bemerkt, dass Nehemia sehr traurig ist und befragte ihn nach dem Grund dafür. Der Prophet beklagte den Zustand der Stadt Jerusalem. So bekam Nehemia den Auftrag nach Jerusalem zu reisen und dort zu veranlassen, die Tore und Mauern wieder aufbauen zu lassen. Das Gespräch ereignete sich im 20. Jahr der Regierung des Königs. Der König regierte von 465 bis 424 v. Chr. So fand das Gespräch im Jahre 445 v. Chr. (465-20) statt.

Die Ausleger gehen von dem Jahr 444 v. Chr. aus. Danach reist Jeremia nach Jerusalem und untersucht den Zustand der Mauern. Das führt dazu, dass sie beginnen die Mauern wieder aufzubauen (Nehemia 1,1ff und 2,1ff). Der Bau der Mauern wurde vollendet (Nehemia 6,15) und etwas später wurden zur Sicherung der Stadt die Tore eingehängt (Nehemia 7,1). Schließlich fand die Einweihung der Stadtmauer statt (Nehemia 12,27ff.). In Nehemia 13,6 ist noch zu lesen, dass im zweiunddreißigsten Jahr des Artaxerxes Nehemia wieder zum König gereist war. Die Angabe dieses Zeitpunktes besagt dann, dass die Stadtmauern spätestens 433 v. Chr. (465-32) fertig gebaut gewesen sein mussten. Ausgehend vom Jahr 444 hat das zu bedeuten, dass der Bau der Stadtmauer höchstens die Zeit von ca. 11 Jahren in Anspruch genommen hatte.

4.2.2 Die siebzig Jahrwochen des Propheten Daniel nach Achim Klein
Im Text von Daniel 9,20-27 (Luther 84) ist dazu zu lesen:
Als ich noch redete und betete und meine und meines Volkes Israel Sünde bekannte und mit meinem Gebet für den Heiligen Berg meines Gottes vor dem Herrn, meinem Gott, lag, eben als ich noch so redete in meinem Gebet, da flog der Mann Gabriel, den ich zuvor im Gesicht gesehen hatte, um die Zeit des Abendopfers dicht an mich heran. Und er unterwies mich und redete mit mir und sprach:
Daniel, jetzt bin ich ausgegangen, um dir zum rechten Verständnis zu verhelfen. Denn als du

anfingst zu beten erging ein Wort und ich komme, um dir's kundzutun; denn du bist von Gott geliebt. So merke nun auf das Wort, damit du das Gesicht verstehst.

Siebzig Wochen sind verhängt über dein Volk und über deine heilige Stadt, dann wird dem Frevel ein Ende gemacht und die Sünde abgetan und die Schuld gesühnt und es wird ewige Gerechtigkeit gebracht und Gesicht und Weissagung erfüllt und das Allerheiligste gesalbt werden.

So wisse nun und gib acht:

Von der Zeit an, als das Wort erging, Jerusalem werde wieder aufgebaut werden, bis ein Gesalbter, ein Fürst, kommt, sind es sieben Wochen; und zweiundsechzig Wochen lang wird es wieder aufgebaut sein mit Plätzen und Gräben, wiewohl in kummervoller Zeit. Und nach den zweiundsechzig Wochen wird ein Gesalbter ausgerottet werden und nicht mehr sein.

Und das Volk eines Fürsten wird kommen und die Stadt und das Heiligtum zerstören, aber dann kommt das Ende durch eine Flut und bis zum Ende wird es Krieg geben und Verwüstung, die längst beschlossen ist. Er wird aber vielen den Bund schwer machen eine Woche lang.

Und in der Mitte der Woche wird er Schlachtopfer und Speisopfer abschaffen. Und im Heiligtum wird stehen ein Gräuelbild, das Verwüstung anrichtet, bis das Verderben, das beschlossen ist, sich über die Verwüstung ergießen wird."

Mit den Wochen sind Jahrwochen gemeint.

In christlichen Kreisen wird häufig nur die Auffassung vertreten, die im nachfolgenden **Punkt 4.2.3** behandelt wird. Von dieser unterscheidet sich die von dem Achim Klein gravierend. Im Folgenden wird in Anlehnung an sein Buch und seinen Vortrag nun zuerst Kleins Sichtweise vermittelt. [22]

Klein leitet zunächst aus dem nachstehenden Text von Jeremia 25,1-3 (Luther 84) das für ihn ausschlaggebende Startjahr ab:

„Dies ist das Wort, das zu Jeremia geschah über das ganze Volk von Juda im vierten Jahr Jojakims, des Sohnes Josias, des Königs von Juda; das ist das erste Jahr Nebukadnezars, des Königs von Babel.

Und der Prophet Jeremia sprach zu dem ganzen Volk von Juda und zu allenallen Bürgern Jerusalems:

Vom 13. Jahr des Josia an, des Sohnes an, des Königs von Juda, ist des Herrn Wort zu mir geschehen bis auf diesen Tag, und ich habe zu euch nun 23 Jahre lang immer wieder gepredigt, aber ihr habt nie hören wollen."

Jojakim (609-508 v. Chr.), 4. Jahr = 605 v. Chr.
Nebukadnezar (605-562 v. Chr., 1. Jahr = 605 v. Chr.
Josia (640-609 v. Chr.), 13. Jahr: 628 v. Chr. abzgl. 23 Jahre = 605 v. Chr.

Auch in Verbindung mit Daniel 9,2, Jeremia 25,11-12 und Jeremia 29,10 macht für Achim Klein - als Startjahr für den Beginn - deshalb nur das Jahr 605 v. Chr. Sinn. Er ist überzeugt davon, dass nach den 49 Jahren der vom Engel genannte erste „Gesalbte" - in Erscheinung getreten ist, wenn dieser sagt:

„So wisse nun und gib acht: Von der Zeit an als das Wort erging Jerusalem werde wieder aufgebaut werden bis ein Gesalbter, ein Fürst, kommt, sind es sieben Wochen; ..."

Graphische Darstellung der siebzig Jahrwochen nach Achim Klein

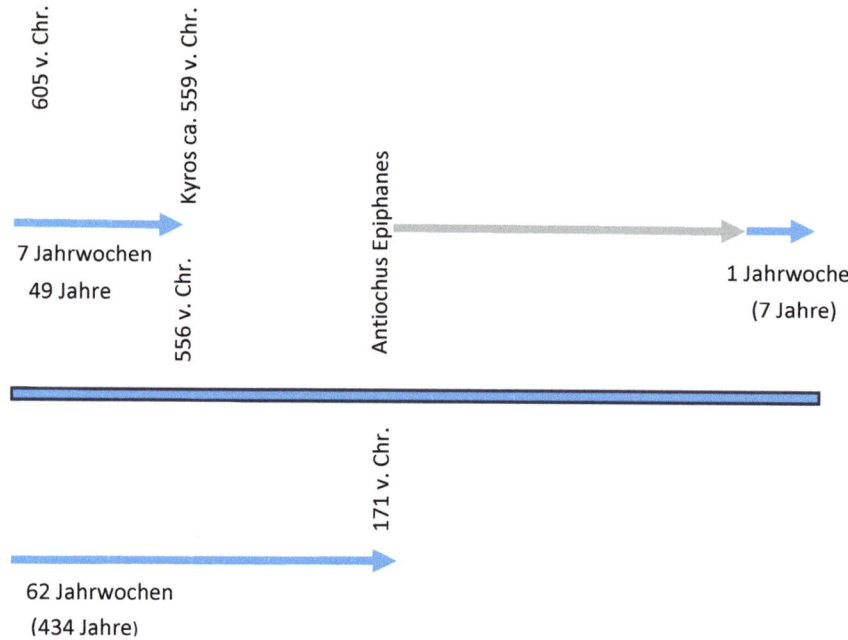

Das entspricht in der Grafik dem Pfeil mit den sieben Jahrwochen, an dessen Ende der erste „Gesalbte" Kyros steht, für dessen Regierungsbeginn das Jahr 559 v. Chr. bezeugt wird. Und das Kyros für Gott wirklich ein „Gesalbter" war, geht aus dem Text von Jesaja 45,1 hervor, wo es heißt:

„So spricht der Herr zu seinem Gesalbten, zu Kyrus ... "

Mit den sieben Jahrwochen kommt man aber nur bis zu dem Jahr 556 v. Chr. Hier entsteht also zu den 559 ein Unterschied von 3 Jahren. Dieser Unterschied ist zu diesem Zeitpunkt unbedeutend, denn er liegt noch 21 Jahre vor dem Ende der 70 Jahre. Hier geht es zunächst nur um Ankündigung des Kommens dieses für Israels Zukunft bedeutenden Königs, dessen „Heimsuchung" für Gottes Absichten mit Israel in Jeremia 25,12 ja angekündigt worden war. Gemäß dieser Ankündigung kam, wie unter **Punkt 4.2.1** bereits ausgeführt, dessen erster Erlass - für die Rückkehr des Volkes Israel - dann erst im Jahr 538 v. Chr. zustande, als Kyros als persischer König inzwischen auch der König von Babylon geworden war.

Weiter sagt der Engel: *„und zweiundsechzig Wochen lang wird es wieder aufgebaut sein mit Plätzen und Gräben „und nach dem* zweiundsechzig *Wochen wird ein Gesalbter ausgerottet werden und nicht mehr sein".*

Hier entsteht die Frage, um wen es sich bei dem zweiten „Gesalbten" handelt.

Klein ist zu der Ansicht gelangt, dass es bei dem diesem um keinen anderen als Antiochus Epiphanes geht. Er regierte von 175 v. Chr.-164 v. Chr. Mit den 62 Jahrwochen wie in der Grafik parallel zu den 49 Jahrwochen eingezeichnet, kommt man zu dem Jahr 171 v. Chr.

Nach Wikipedia war es das Jahr, in dem unter seiner Herrschaft in Judäa er den Hohepriester Jason absetzte und einen Mann namens Menelaos einsetzte, der Antiochus dafür mit viel Geld bestochen haben soll. Jason fiel, während der Abwesenheit von Antonius mit 100 Kriegern in Jerusalem ein und setzte Menelaos wieder ab. Antiochus kam zurück und setzte Menelaos erneut ein. Dies führte durch ihn im Tempel zu dem „Gräuelbild, das Verwüstung anrichtet". 164 v. Chr. siegen die Makkabäer über die Griechen. Es kommt zur Wiedereinweihung des Tempels. Daraus ergibt sich der Name Chanukka. Seitdem feiern die Juden das Chanukka-Fest.

Wie Klein sagt, bestehen aber erhebliche Bedenken dazu, einen derart gottlosen Menschen als „Gesalbten" zu bezeichnen. Die Bezeichnung „Gesalbter" („Messias") ist ein Titel, der in der Bibel allgemein nur israelischem Priestern, Königen, aber auch Jesus Christus zugebilligt wurde. So fragt sich, warum Antiochus Epiphanes vom Erzengel Gabriel ebenfalls als „Gesalbter" bezeichnet wird.

Klein:

„Ein Grund könnte es sein, dass er ein erwähltes (und somit „gesalbtes") Werkzeug Gottes war. Ob das ein Grund für die Bezeichnung Gesalbter sein mag? Es möge zunächst von uns so akzeptiert sein, weil Gabriel ihn so bezeichnet."

Und er begründet dies in seinem Buch weiter mit den Worten:

„Auch die Beziehungen zwischen Daniel 7 und 8 und Daniel 10, 11 und 12 andererseits werden jetzt verständlich. Denn alle Kapitel reden von einem ganz bestimmten Herrscher Antiochus Epiphanes. Er ist der Inhalt all diese Kapitel, denn sie bauen aufeinander auf und zeigen immer neu, sich ergänzende Eigenschaften von ihm. Zusammenfassend können wir sagen, dass Daniel 9 eine gedankliche Hinführung zu Kapitel 11 ist. In diesem Kapitel 11, führt die Prophetie Daniels ganz eindeutig zu Antiochus Epiphanes, dem dort überproportional viel Aufmerksamkeit gewidmet wird."

Er bezeichnet es als wichtig, dass - dem Danieltext entsprechend - nach 62 Wochen ein Gesalbter ausgerottet wird und nicht nach 69, wovon im nächsten **Punkt 4.2.3** ausgegangen wird. So ist für ihn Jesus Christus nicht der Gesalbte.

Für Antiochus Epiphanes spricht auch, dass er ab dem Jahr 171 v. Chr. regierte und im Jahr 164 v. Chr. starb. Er regierte sieben Jahre, wie dies auch beim Antichristen in der Endzeit der Fall sein wird. Klein sieht in den beiden gerade darin eine Parallele und verweist auf den Vers 27, wo steht, dass Mitte der Woche das Schlacht- und Speisopfer abgeschafft und im Heiligtum ein Gräuelbild der Verwüstung stehen wird. Dies geschah bei Antiochus Epiphanes. Dies wird ebenso beim Antichrist geschehen, der sogar im Heiligtum ebenfalls sein Bild anbeten lassen wird. Dies geht z. B. aus **Punkt 4.3** hervor.

4.2.3 Die siebzig Jahrwochen des Propheten Daniel nach John F. Walvoord und Roy B. Zuck

Diese Auffassung basiert auf dem vierten Erlass von Artaxerxes 444 v. Chr. (Nehemia 1,1ff. und 2,1ff) und auf Daniel 9,24-27. In der Grafik auf der nächsten Seite wird nun die Sicht der Autoren John F. Walvoord und Roy B. Zuck wie folgt vermittelt:

Ausgehend vom Jahr 444 v. Chr. (eigentlich müsste es das Jahr 445 sein) sind auf der Basis des Danieltextes 70 Jahrwochen = 490 = 483 + 7 Jahre dargestellt. Die 69 Jahrwochen werden als zusammenhängend betrachtet und nur die 70. Jahrwoche liegt in der Zukunft (Endzeit). Grundsätzlich beinhaltet der Zeitraum von 69 Jahren zwei Zeitabschnitte. Die Vorstellung, die die Autoren entwickelten, wird in der nachstehende Abbildung auch graphisch dargestellt:

Der erste Abschnitt von 7 x 7 = 49 Jahren soll sich auf die Zeit beziehen, in der die Stadt Jerusalem gemäß dem vierten Erlass von Artaxerxes bis zum Jahr 396 v.Chr. (444-49) einschließlich ihrer Infrastruktur wieder vollständig aufgebaut worden wäre. Dieser Termin lässt sich nicht nachweisen. Belegen lässt sich, dass entsprechend **Punkt 4.2.1** zumindest der Tempel und die Stadtmauern spätestens bis ca. 433 v. Chr. - also nach 172 Jahren (605-433) - fertig gebaut waren, nicht aber die vollkommen wieder aufgebaute Stadt Jerusalem mit Gräben, Straßen, Plätzen und Häusern.

Die Annahme, dass es sich bei den 49 Jahren um das Datum des Wiederaufbaus der Stadt Jerusalem handelte, steht für Klein also im Widerspruch zu dem Text von Daniel 9,25. In

Graphische Darstellung der siebzig Jahrwochen nach John F. Walvoord und Roy B. Zuck

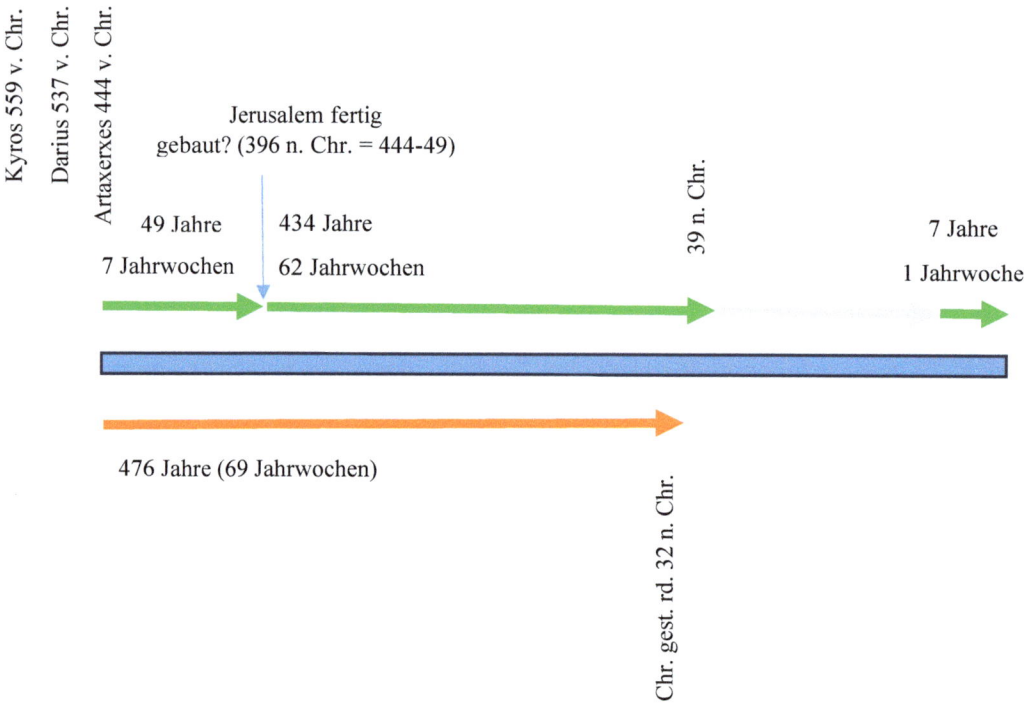

diesem heißt es eindeutig: *„Jerusalem werde wieder aufgebaut werden bis ein Gesalbter, ein Fürst, kommt, sind es sieben Wochen; ...".*

Der „Gesalbte", der nach den 49 Jahrwochen im Jahr 556 v. Chr. (605-49 kam, war der Perserkönig Kyros II. Wie unter **Punkt 4.2.2** bereits ausgeführt, kommt man mit den sieben Jahrwochen allerdings nur bis zu dem Jahr 556 v. Chr. Hier entsteht also, wie schon gesagt, zu den 559 ein Unterschied von 3 Jahren, der sich aber als unbedeutend erweist. Wegen der Rolle, die Kyros für Israel in Bezug auf ihre Rückkehr zu spielen hatte, war wohl für den Engel der Hinweis auf ihn unverzichtbar.

Deshalb hat Klein die 62 Jahrwochen nicht auf die 49 aufgepfropft, sondern in seiner Grafik als gesonderten Vorgang parallel zu den 49 Jahrwochen angeordnet. Im Text sagt der Engel nämlich, dass Jerusalem erst nach zweiundsechzig Wochen mit Plätzen und Gräben wieder aufgebaut ist und das nach dieser Zeit *„ein Gesalbter ausgerottet werden und nicht mehr sein"* wird.

Da ist man wieder bei Klein, der mit diesem zweiten „Gesalbten" im Jahr 171 v. Chr. (605-434). Antiochus Epiphanes vorfindet. So kommt er, wie gesagt, zu der Ansicht, dass der zweite „Gesalbte" Antiochus Epiphanes und nicht Jesus Christus gewesen war.

Er begründet dies auch damit, dass in den Kapiteln 7, 8, 10, 11 und 12 Antiochus Epiphanes, überproportional viel Aufmerksamkeit gewidmet wurde. So spricht vieles dafür, das Klein mit seiner Auslegung richtig liegt.

Nun wird weiter die Vorgehensweise von Walvoord und Zuck beschrieben, mit der sie die Schwierigkeit mit dem falschen Sterbedatum von Jesus ausräumen:

Ausgehend nicht vom Jahr 605 V. Chr., sondern vom Jahr 444 v. Chr. (dem 20. Jahr der Regierung des Königs Artaxerxes) gelangt man abzüglich der 483 Jahre (49 Jahrwochen) zuerst also zum Jahr 39 n. Chr. und nicht zum Jahr 32 v. Chr. Diese Zeitangabe befindet sich nicht in Übereinstimmung mit dem möglichen Sterbedatum von Jesus. Die Autoren sagen, dass es dazu deshalb gekommen ist, weil die Ungenauigkeit der Zeitrechnung nicht berücksichtigt wurde. In nachstehender Tabelle wird deshalb näher erklärt, warum die 32 Jahre nicht im Widerspruch zu den 39 Jahren stehen.

Die vorstehend ermittelten 483 Jahre ergeben sich aus dem Hebräischen Kalender, der mit 360 Tagen im Jahr dem Gregorianischer Kalender angepasst wurde, wobei es dabei nicht um den jüdischen Lunisolarkalender geht, der mehr Tage hat. Nach dem Gregorianischen Kalender reduzieren sich dabei die 483 minus 7 auf 476 Jahre, wie aus nachstehender Tabelle der Autoren hervorgeht, wodurch man ca. zu Jesu voraussichtlichen Sterbedatum im Jahr 32 n. Chr. gelangt.

Hebräischer Kalender*)	Gregorianischer Kalender
Im Widerspruch zum Gregorianischer Kalender	
360 Tage im Jahr	365 Tage im Jahr)
(7 x 7) + (62 x 7) Jahre = 483 Jahre	444 v. Chr. bis 32 n. Chr. = 476 Jahre **
483 Jahre x 360 Tage =	476 Jahre x 365 Tage =
173880 Tage	173740 Tage
	+ 116 Tage in Schaltjahren***
	+ 24 Tage (5. März bis 30. März)
	173880

*) In obiger Darstellung von Walvoord und Roy wurde die Bezeichnung Jüdische Kalender durch Hebräischer Kalender ersetzt, weil dieser mit 360 Tagen in etwa eine Anpassung an den Gregorianischer Kalender darstellt.

Nach Wikipedia wird der Jüdische Kalender angewendet und ist mit der Verabschiedung des Nationalstaatsgesetzes am 18. Juli 2018 in Israel der Lunisolarkalender, der seit der Staatsgründung neben dem gregorianischen Kalender der Staatskalender in Israel ist.

Nicht nur die religiösen jüdischen Festtage, sondern auch die säkularen Feiertage im Staat Israel orientieren sich am jüdischen Kalender. Er bestimmt die Termine für die jüdischen Feiertage und die entsprechende öffentliche Lesung der Thora-Teile, Jahrzeiten usw., wie noch an anderer Stelle im Internet zu lesen war. Da auf internationaler Ebene sowie im Tourismus der gregorianische Kalender bestimmend ist, nutzen die Israelis beide Kalender parallel im Alltag.
Ebenfalls im Internet fand ich noch die folgende Information dazu:

„Da die Summe zwölf solcher Mondmonate (das Mondjahr) um etwa elf Tage kürzer ist als das Sonnenjahr, wird alle zwei bis drei Jahre - genauer: siebenmal in 19 Jahren - ein Schaltmonat eingefügt. So erreicht der Kalender eine recht genaue Überstimmung mit dem Sonnenjahr und die jüdischen Feiertage fallen in die in der Thora festgeschriebenen Jahreszeiten."

**) Da zwischen 1 v. Chr. und 1 n. Chr. nur ein Jahr liegt, ist die Gesamtsumme 476, nicht 477 Jahre.

***) 476 geteilt durch 4 (jedes 4. Jahr als Schaltjahr) ergibt 119 zusätzliche Tage. Davon müssen aber 3 Tage abgezogen werden, da durch 100 teilbare Jahre nicht als Schaltjahr zählen, aber jedes vierte von ihnen, also jedes durch 400 teilbare Jahr, doch als Schaltjahr zählt. [23]

Zusammenfassend ist zu den Punkten 4.2:2 und 4.2.3 noch folgendes auszuführen:
Anzunehmen ist, dass es bei Daniel 9,26b um die zeitliche Lücke zwischen der 69. Bis zur 70. Woche geht. Der Prophet formuliert, dass das Volk eines Fürsten kommen wird, um die Stadt (Jerusalem) und das Heiligtum (2. Tempel) zu zerstören. Das könnte im Jahre 70 n. Chr. durch die Römer erfolgt sein.

Dann kommt das Ende durch eine Flut. Mit der Flut könnten die Heere bei der Schlacht von Harmagedon gemeint sein. Bis dahin, wird es Krieg und Verwüstung geben. Seitdem sind fast 2000 Jahre vergangen. Bis zum augenblicklichen Zeitpunkt betrifft diese Zeit das Zeitalter der Gemeinde Jesu, das von Pfingsten bis zur Wiederkunft Jesu andauern wird. Gemäß Daniel 9,27 ereignet sich vorher noch die eine Woche der Trübsal, mit der die 70. Jahrwoche gemeint ist, während der der Antichrist sieben Jahre herrschen wird. Zu Beginn dieser kurzen Zeitperiode macht dieser einen Bund mit dem Volk Israel (**Punkt 6.1**).
In der Mitte der Trübsalzeit-Woche wird er Schlacht- und Speisopfer abschaffen und im Heiligtum (dem wahrscheinlich neu erbauten 3. Tempel) ein Gräuelbild aufstellen, in dem er sich von der gesamten Menschheit anbeten lässt.
Am Ende der sieben Jahre der 70. Woche geschieht die Schlacht von Harmagedon, die erneute Zerstörung Jerusalems, das zweite Kommen Jesu und das Völkergericht an den Heidenvölkern. Mit diesem geht auch die Zeit der Nationen zu Ende (**Punkte 7.5, 8,1 und 8.3**).
In der Aussage von Daniel 9,24 wird - von da an - auf ewige Gerechtigkeit hingewiesen, die nach dem zweiten Kommen Jesu Christi eintreten wird. Dies wird sich ganz am Ende der 70. Woche erfüllen.
Dass sich Gesicht und Weissagung - wie prophezeit - ereignen werden, darauf weisen auch viele alttestamentliche Prophetien und Weissagungen der Propheten hin. Dies besonders in Bezug auf das nach Christi Wiederkunft folgende Tausendjährige Friedensreich und dessen Herrschaft in demselben.
Und bei der Erwähnung der Salbung des Allerheiligsten in Vers 24 geht es wahrscheinlich um den in Hesekiel 40-44 beschriebenen Tempel im Tausendjährigen Reich in Jerusalem und bei der Salbung möglicherweise um dessen Einweihung (**Punkt 9.3**).

Abschließend sei nun nochmals erwähnt, dass vor Jesu zweitem Kommen - wie zuvor schon eingehend geschildert - die vier alten Weltreiche, also während der 70. Jahrwoche - im antichristlichen Reich eine Wiederauferstehung erleben könnten. Dies deutet auf eine Machtkonzentration hin, wie sie die Welt noch nie gesehen hat. Auf dem Boden dieser alten Reiche entsteht möglicherweis ein Kernterritorium, dessen Machtentfaltung wahrscheinlich bis an die Enden der Erde reichen und dabei keinen Winkel auslassen wird.
An der Spitze dieses Reiches wird eine Person stehen, die kein normaler Mensch ist. Wie das Reich, über das er herrschen wird, bezeichnet ihn das Neue Testament als das erste Tier.
In den nächsten beiden Punkten wird mit dem ersten „Tier aus dem Meer" (Völkermeer), dem Antichristen und mit dem zweiten, der okkulten Persönlichkeit Satans, dem falschen Propheten, das „Tier aus der Erde" vorgestellt

Anmerkung:
Ergänzend noch einige Ausführungen zu einem astronomischen Phänomen, dass man in Zusammenhang mit der Geburt Jesu bringt. Dazu zunächst der Text von Matthäus 2,1-2 und 9 (griechischer Grundtext nach der Interlinearübersetzung):
„Als aber Jesus geboren war in Bethlehem in Judäa in den Tagen Herodes des Königs, siehe

Magier von Sonnenaufgang kamen nach Jerusalem sagend: Denn wir haben gesehen seinen Stern beim Aufgehen und sind gekommen zu huldigen ihm. Sie aber gehört habend den König brachen auf und siehe der Stern, den sie gesehen hatten beim Aufgehen, ging vor ihnen, bis, gekommen, er stehen blieb oben über (dem Ort), wo war das Kind."

Johannes Keppler (1751-1630) war der erste Astronom, der die mathematischen Grundlagen fand, um die Positionen am Sternenhimmel vorherzusagen, oder zurückzurechnen. Er wendete seine astronomischen Kenntnisse an, um eine Erklärung für den Stern von Bethlehem zu finden. Daraus ergab sich, dass er als beste die der dreifachen Konjunktion zwischen den beiden Gasriesen Jupiter und Saturn in den Jahren 7/6 v. Chr. hielt.

Ganz anders sieht dies Werner Gitt in seinem Buch „Wozu gibt es Sterne", wenn er sagt:

„Alle bekannten astronomischen Objekte (Fixsterne, Planeten, Kometen) führen einen (scheinbaren) Lauf am Himmelsgewölbe aus, d. h. sie sind grundsätzlich ungeeignet, eine bleibende Richtung anzugeben (d. h. den Reiseweg) oder eine ortsfeste Position auf der Erde zu markieren (hier: das Geburtshaus Jesu in Bethlehem). Somit scheiden alle astronomisch bekannten Gebilde oder Konfigurationen als Stern von Bethlehem aus. So bin ich fest davon überzeugt, dass es sich um einen eigens für die Reiseroute der Weisen bestimmtes und neu geschaffenes Lichtzeichen (Stern) gehandelt hat, denn >>bei Gott ist kein Ding unmöglich<< (Lukas 1,37)."

Aus Matthäus 2, 13ff. erfahren wir, dass der Engel des Herrn Joseph im Traum erschien und ihn aufforderte nach Ägypten zu fliehen und dort zu bleiben, *„bis ich dir's sage"*. Und Joseph *„blieb dort bis zu dem Tod des Herodes"*. Dies, weil Herodes vorhatte das Kindlein *„zu suchen, um es umzubringen"*. Als Herodes gestorben war, erschien der Engel des Herrn nach Matthäus 2, 19ff. dem Joseph erneut im Traum und wies ihn an und sprach:

„Steh auf, nimm das Kindlein und seine Mutter mit dir und zieh hin in das Land Israel; sie sind gestorben, die dem Kindlein nach den Leben getrachtet haben."

Danach ist, wenn Herodes Tod im Jahr 4 v. Chr. eintrat, durchaus vorstellbar, dass Joseph und Maria mit dem Kindlein noch drei Jahre vor Herodes Tod in Ägypten lebten. Rechnet man dann vom Jahr 4 v. Chr. diese drei Jahre zurück, gelangt man auch zu dem Jahr 7 v. Chr.

4.3 Die Beschaffenheit des ersten Tieres

Im Verein mit Satan verkörpert dieses „Tier" also den Machthaber, der zusammen mit zehn mächtigen Staaten eine Weltregierung bilden und den Welteinheitsstaat erschaffen wird. Diesem wird es gelingen, weltweit für Wohlstand und Frieden zu sorgen, was aber nur von sehr kurzer Dauer ist. In der Völkerwelt wird dies trotzdem zu viel Lob und Ehre für den Betreiber führen. Der Antichrist kommt aber ganz am Anfang seines Wirkens durch widrige Umstände ums Leben, siehe Offenbarung 13,3-4 (Luther 84):

*„Und ich sah eines seiner Häupter, als wäre es tödlich verwundet, und seine tödliche Wunde wurde heil. Und die ganze Erde wunderte sich über das Tier, **und sie beteten den Drachen (Satan) an**, weil er dem Tier die Macht gab, und beteten das Tier an und sprachen: Wer ist dem Tier gleich, und wer kann mit ihm kämpfen?"*

Der Theologe Erich Schnepel schreibt in seinem Buch „Wie sieht die Zukunft der Menschheit aus", dass da das Unerhörte geschieht: Der Getötete wird wieder lebendig, und er kann in alter Kraft wieder die Führung des Staates übernehmen. Was das Ende des Staates zu bedeuten schien, wird nun zu einer ungeheuren Propaganda für ihn. Die ganze Menschheit schaut gebannt und verwundert auf dieses Geschehen der Auferstehung des Antichristen von den Toten, wodurch die führende Persönlichkeit des Staates gerettet wurde. Die ganze Menschheit beugt sich willig vor den geistigen Gewalten, die hinter diesem Staat stehen. Sie ist bereit, diesen okkulten dunklen Mächten göttliche Verehrung darzubringen. [24]

Vom „auferstandenen" Antichristen wird ein Bild angefertigt, das in das Heiligtum in Jerusalem gesetzt wird, wo man es anbeten lässt. Bereits Daniel prophezeite dieses besonders für die Juden ungeheure Vorkommen in Daniel 9,27a (Luther 84):

„Und in der Mitte der Woche wird er Schlacht- und Speisopfer abschaffen. Und im Heiligtum wird stehen ein Gräuelbild, das Verwüstung anrichtet, bis das Verderben, das beschlossen ist, sich über die Verwüstung ergießen wird."

Näheres dazu in **Punkt 6.1** „Der Bund des Antichristen mit Israel", wovon in Matthäus 24,15 auch die Rede ist. In diesem Punkt wird schließlich deutlich, wie es in Jerusalem unter dem Volk Gottes zu solchem wüsten Treiben kommen konnte.

Einen weiteren Eindruck über sein Wesen, seine Kraft und Macht, vermittelt Offenbarung 13,7-8 (Luther 84):

„Und es wurde ihm Macht gegeben, zu kämpfen mit den Heiligen und sie zu überwinden und es wurde ihm Macht gegeben über alle Stämme und Völker und Sprachen und Nationen. Und alle, die auf Erden wohnen, beteten es (das erste Tier) an, deren Namen nicht geschrieben stehen in dem Lebensbuch des Lammes."

4.4 Die Beschaffenheit des zweiten Tieres

Unter diesem Tier wird der antichristliche falsche Prophet, ausgerüstet mit der Macht des Antichristen verstanden. Mit ihm tritt zu dem Welteinheitsstaat die Welteinheitsreligion (die Hure Babylon, siehe **Punkt 6.6**) in Erscheinung. Auf diese Weise wird, die jedem Menschen innewohnende Religiosität Berücksichtigung finden. Als Propagandaminister sorgt der falsche Prophet dafür, natürlich im Sinne seines Chefs Satan. Wie sich dessen Macht und Wirkungsweise in Jerusalem und in der ganzen Völkerwelt vollzieht, die sich absolut mit der Satans und der des ersten Tieres deckt, zeigt der Text von Offenbarung 13,11-18 (Luther 84):

„ Und ich sah ein zweites Tier aufsteigen aus der Erde; das hatte zwei Hörner wie ein Lamm und redete wie ein Drache. Und es übte alle Macht des ersten Tieres aus vor seinen Augen und es macht, dass die Erde und die darauf wohnen, das erste Tier anbeten, dessen tödliche Wunde heil geworden war. Und es verführte, die auf Erden wohnen, durch die Zeichen, und sagt denen die auf Erden wohnen, dass sie ein Bild machen sollen dem Tier, das die Wunde vom Schwert hatte und lebendig geworden war. Und es wurde ihm Macht gegeben, Geist zu verleihen dem Bild des Tieres, damit das Bild des Tieres reden und machen könne, dass alle, die das Bild des Tieres nicht anbeten, getötet würden.

Und es macht, dass sie allesamt, die Kleinen und die Großen, die Reichen und die Armen, die Freien und die Sklaven, sich ein Zeichen machen an ihre rechte Hand oder an ihre Stirn, und dass niemand kaufen oder verkaufen kann, wenn er nicht das Zeichen hat, nämlich den Namen des Tieres; oder die Zahl seines Namens. Wer Verstand hat der überlege die Zahl dieses Tieres; denn es ist die Zahl eines Menschen, und seine Zahl ist sechshundertundsechsundsechzig. "

Erich Schnepel:

„ Es ist charakteristisch, dass der antichristliche Prophet ebenso, wie die antichristliche Staatsmacht unter dem Bild eines Tieres dargestellt wird. Dem Propheten der antichristlichen Weltreligion stehen alle Machtmittel des Staates zur Verfügung, um die neue Religion durchzusetzen. Die ganze Erde wird religiös gleichgeschaltet. Die Massen nehmen ohne Widerspruch die Weltreligion an, in dessen Mittelpunkt der Staatsmann steht, der von den Toten auferstanden ist und dadurch in den Augen der Menge als der wirkliche Heiland und Retter der Welt beglaubigt zu sein scheint. Ihm wird nun göttliche Verehrung dargebracht" [25]

Dies stellt einen Generalangriff auf die noch lebenden Christen dar. Wenn ihnen niemand hilft, können sie nicht überleben, aber Hilfe von Gott selbst und ebenso die von barmherzigen Menschen wird es geben. Näheres dazu siehe **Punkt 8.3** „Das Weltgericht an den Heidenvölkern."

5. Der Gog von Magog-Krieg

5.1 Das Gottesgericht in dem Gog von Magog-Krieg

Es geht um die Ankündigung des Geschehens einer Schlacht in der Endzeit, die sich auf den Bergen und Ebenen Israels ereignen wird. Dies geht aus einer Prophezeiung des Propheten Hesekiel hervor, in der als Akteur der Gog von Magog auftritt. Es handelt sich um einen von einem Staatenbund aus dem Norden Israel gehegten Plan, sich zum Kampf gegen das Volk Israel zu versammeln.

Geschmiedet wurde er gegen dieses Volk, das zu diesem Zeitpunkt - nach 2000 Jahren in der Fremde - wieder in sein eigenes Land zurückgekehrt ist. In Hesekiel 38,11 (Luther 84) sah der Prophet vor ca. 2800 Jahren dies voraus:

„Ich will das Land ohne Mauern überfallen und über die kommen, die still und sicher wohnen, die alle ohne Mauern leben und weder Riegel noch Tore haben."

In Hesekiel 38 und 39 beschreibt der Prophet die Schlacht und das mit dem Schlachtgeschehen verbundene. Aus dem nun folgenden Text von Hesekiel 38,1-9 (Luther 84) geht zunächst hervor, wer da heraufzieht:

„Und des Herrn Wort geschah zu mir:
Du Menschenkind richte dein Angesicht auf Gog, der im Lande Magog ist und der Fürst von Rosch, Meschech und Tubal, und weissage gegen ihn und sprich: So spricht Gott der Herr: Siehe ich will an dich Gog, der du Fürst bist von Rosch, Meschech und Tubal!
Siehe, ich will dich herumlenken und dir einen Haken ins Maul legen und will dich ausziehen lassen mit deinem ganzen Heer, ... die alle vollgerüstet sind; und sie sind ein großer Heerhaufe, ... Du führst mit dir Perser, Kuschiter und Libyer ..., dazu Gomer und sein ganzes Heer; die vom Hause Torgama, die im Norden wohnen, mit ihrem ganzen Heer, ja, du führst viele Völker mit dir. Wohlan rüste dich gut, du und alle deine Heerhaufen, die bei dir sind und sei du ihr Heerführer. Nach langer Zeit sollst du aufgeboten werden; am Ende der Zeiten sollst du in ein Land kommen, das dem Schwert entrissen ist, und zu dem Volk, das aus vielen Völkern gesammelt ist, nämlich auf die Berge Israels, die lange Zeit verwüstet gewesen sind, und nun ist es herausgeführt aus den Völkern, und sie alle wohnen sicher. Du wirst heraufziehen und daherkommen wie ein Sturmwetter und wirst sein wie eine Wolke, die das Land bedeckt, du und dein ganzes Heer und die vielen Völker mit dir."

Dieser Text prophezeit ebenso wie der von Hesekiel 37,1-14, dass die Juden als Volk wieder ins Land ihrer Vorväter zurückkehrt sein werden, was inzwischen in einem ständig zunehmenden Maße schon Wirklichkeit ist. Anders sieht es zurzeit mit dem *„alle wohnen sicher"* aus, das noch nicht erfüllt ist. Manche Ausleger verbinden diese Ereignisse mit der Schlacht bei Harmagedon. Aber es geht um zwei Schlachten in der Endzeit.

Im ersten Fall dreht es sich gemäß dem Hesekieltext um die Schlacht mit dem Gog von Magog, im zweiten Fall um die mit dem Antichristen nach Offenbarung 19,11ff. (siehe auch **Punkt 7.5** „Die Schlacht des Antichristen, sein Ende und das des falschen Propheten"), die erst später, d. h. vor dem zweiten Kommen Jesu geschieht. Auch unterscheiden sich erstens die Akteure deutlich voneinander, zweitens sind die Örtlichkeiten, wo die Schlachten stattfinden, andere und drittens sind die Armeen der Völker des Gog von Magog und der Völker des Antichristen verschiedene.

Beispielsweise ist bei der Schlacht mit dem Gog von Magog nach Hesekiel 38,18 und 39,1-2 erstens Gott selbst der Hauptakteur, der diese ahnungslosen Völker dazu bringt, ihre böse Planung in die Tat umzusetzen, denn er versammelt sie, um sie zu richten. Bei der Schlacht nach Offenbarung 19,11ff. sind dies der Antichrist und sein Gegenüber, der Herr Jesus Christus.

In Bezug auf die Verschiedenheit der Örtlichkeiten ist die Aussage von Hesekiel 9,4-5, dass sie auf den Bergen Israels und auf deren offenen Feldern fallen werden. Gemeint ist damit (nach Hesekiel 39,11) das „Tal Abarim" östlich vom Toten Meer, das als der Beerdigungsplatz für die Leichen „Tal Hamon Gog" (Gogs Haufental) genannt wird. So dürfte diese Örtlichkeit zwar mit dem Gog von Magog, aber nichts mit der des Antichristen bei Harmagedon zu tun haben.

Gemäß Wikipedia lässt sich Harmagedon als Ort allerdings nicht eindeutig identifizieren. Dabei soll es um den Berg von Megiddo gehen. Dieser ist ein südlicher Ausläufer des Karmelgebirges und dieser Berg befindet sich in der Ebene von Megiddo, wobei dieses Gebiet tatsächlich - schon von alters her - das klassische Schlachtfeld Kanaans darstellt. Die Frage, die man sich bei Wikipedia stellt, ist, ob Harmagedon der Name für den Versammlungsort oder der für den Kampfort ist, denn Schlachten werden in Ebenen und nicht auf Bergen ausgetragen. Und weiter heißt es, dass viele Ausleger Harmagedon nicht nur als Versammlungsort der Könige sehen, sondern auch als Ort der endzeitlichen Entscheidungsschlacht, ist dies sprachlich vom Offenbarung 16,16 her nicht zwingend. So kann mit Harmagedon tatsächlich nur der Ort der Versammlung der Könige gemeint sein, wobei der Kampf mit den Heeren des Antichristen selbst aber woanders stattfindet. Nach Sacharja 14,2 und 4 bis nahe Jerusalem und dort bis zum Ölberg, der vor dieser Stadt nach Osten hin liegt.

Joachim Langhammer weist in seinem Buch „Was wird aus dieser Welt" auch darauf hin, dass sich die Gerichtsorte klar und eindeutig voneinander unterscheiden werden, weil es sich um zwei voneinander verschiedene Erscheinungen der Endzeit handelt. Wie auch aus dem noch folgenden hervorgehen wird, werden in der Prophetie Hesekiels im Zusammenhang mit dem Gog von Magog fünf Namen genannt: Rosch, Mesech, Tubal, Gog und Magog (Hesekiel 38,1-3), deren Namen auf einen Vielvölkerstaat im Norden Israels hinweisen (Hesekiel 38,15).
Langhammer sagt zur dritten Unterschiedlichkeit des sich Abspielenden, dass diese Völker sich heute alle in den Ländern nördlich und östlich von der Elbe und Donau, also in den osteuropäischen Staaten befinden und liegen damit völlig außerhalb der Grenzen des antichristlichen Reiches. Deshalb sind die Völker des Gog von Magog und die Völker des Antichristen nicht identisch, sondern bilden vielmehr zwei verschiedene Machtblöcke in der Endzeit.

Gemäß Hesekiel 39,11-15 liegt zudem der Beerdigungsplatz des Gog von Magog (Gogs Haufental) auch an der Ostseite des Toten Meeres. Die gesamte Heeresmacht des Gog von Magog wird dabei nach Hesekiel 38,18-23 direkt nach der Invasion ins Heilige Land in Israel von Gott gerichtet und vernichtet werden. Dies geschieht vor allem durch Naturkatastrophen, aber auch dadurch, dass die Angreifer sich gegenseitig bekämpfen, indem ein jeder sein Schwert gegen den anderen erhebt (Hesekiel 38,21). Die Vernichtung des Antichristen erfolgt dagegen bei Harmagedon, was über 250 Kilometer weiter nördlich in Israel liegt (Offenbarung 16,12-16; 19,11-21). [26]

Zu erwähnen ist außerdem noch, dass die beiden Schlachten - aus den vorgenannten Gründen - auch zu ganz verschiedenen Zeiten stattfinden werden. Die Schlacht mit den Völkerschaften des Gog von Magog dürfte sich deshalb bereits zu einem früheren Zeitpunkt ereignen.
Im Newsletter Israelnetz vom 31.07.2018, bezieht zu diesem Geschehen der Theologe Josias Terschüren in einem Artikel mit der Überschrift „Israel im Sog des syrischen Bürgerkrieges" wie folgt Stellung:

„Diese Sammlung des dem >>Schwert<< des Holocaust entkommenen Volkes und die Rückführung in>>das Land<< Eretz Israel (traditionelle hebräische Bezeichnung für das Land)*, geschah zum ersten und einzigen Mal im 20. Jahrhundert. Die Vorbedingung für den Gog- und Magog-Krieg ist also seit der Staatsgründung vor 70. Jahren erfüllt, aber Hesekiel gibt uns noch einen weiteren Hinweis: >>Sie wohnen alle in Sicherheit<< - das heißt, die Erfüllung der Prophetie wird in einer Zeit geschehen, in der alle Einwohner Israels in Sicherheit wohnen. Das ist momentan nicht der Fall."*

Auf welche Weise sich schließlich auch die prophetische Aussage von Hesekiel 38,8 - *„herausgeführt aus den Völkern und sie alle wohnen sicher"* - erfüllen wird, darüber wird im **Punkt 5.3** berichtet. Im nachfolgenden Punkt macht Terschüren nun zunächst Aussagen zur Völker-Koalition.

5.2 Die Völkerschaften des Gog von Magog und seine modernen Heerscharen

Abstammungsmäßig war Magog ein Sohn von Noahs Sohn Jafet, also kein Semit, wie sein Sohn Sem (1. Mose 10.2). Im Text sagt Mose über die von Jafet abstammenden Völker:
„Die Söhne Jafets sind diese: Gomer, Magog, Madai, Jawan, Tubal, Meschech und Tiras."
In Hes 38,1 tauchen drei von diesen Namen wieder auf. Denn von dem Gog, der im Lande des Magog ist, wird gesagt, dass er der Fürst von Rosch, Meschech und Tubal ist.

Auch der Volksstamm der Gomer spielt eine Rolle. Diese Völker befinden sich völlig außerhalb der Grenzen des zukünftigen antichristlichen Reiches. Es sind alles Völker im Norden von Israel.

Nachstehend wird nun verdeutlicht, um welche Völker es sich handeln könnte, die sich dem Oberkommandierenden anschließen werden. Also welche modernen Völker könnten hinter den im Hesekieltext genannten Nationen und ihren Ortsnamen stecken, ist die Frage.

Der Autor Joel C. Rosenberg hat in seinem Buch „Epicenter" in akribischer Detektivarbeit historische Quellen und Hinweise zu den beschriebenen Nationen und Orten gesammelt und ausgewertet, mit dem Ziel, die modernen Nationen ausfindig zu machen, über die Hesekiel prophezeit hat. Ohne die historische Herleitung im Einzelnen wiederzugeben, steht „Magog" für das Gebiet nördlich des Schwarzen und Kaspischen Meeres, das heißt für das heutige Russland und die damaligen Sowjetrepubliken.

Der nächste Partner in der Koalition ist „Persien", das relativ leicht mit dem heutigen Iran identifiziert werden kann. Im Text von Hesekiel 38,5 sind die Perser ausdrücklich namentlich erwähnt.

Anmerkung:
Bekannt ist, dass der Iran Israels völlige Vernichtung und Auslöschung anstrebt. In den ICEJ-Nachrichten vom 30.11.2021 wird der iranische Brigadegeneral Abolfazl Schechkarchi, Sprecher der iranischen Streitkräfte, in einem Interview mit der staatlichen Nachrichtenagentur INSA mit den Worten zitiert: ***„Wir wollen den Zionismus weltweit vernichten."***

Rosenberg erwähnt in seinem Buch „Epicenter", dass ein weiterer Angreifer die „Kuschiten" sein würden. Kusch als das Gebiet der oberen Nilregion, dies entspricht in etwa dem heutigen Sudan, gegebenenfalls noch Teilen Äthiopiens und Eritreas. „Put" steht für das Gebiet Libyens und Algerien. „Gomer" siedelte auf dem Gebiet der heutigen Türkei, während das „Haus Togarma" die turksprachigen Völker (40 Volksstämme in Zentral- und Westasien sowie in Sibirien und Osteuropa), die sich von der Türkei aus im Kaukasus und in Zentralasien ansiedelten, umfasst.

Ein modernes Pendant aufzuzeigen fällt nicht leicht, aber die Region besteht durchweg aus muslimischen Nationen mit enger Anbindung sowohl an Russland als auch an den Iran. Diese russisch-islamische Koalition könnte - unter der Führung Russlands - Israel also von Norden her angreifen.

Der ehemalige Schweizer Evangelist Wim Malgo vom Missionswerk Mitternachtsruf beschreibt in seinem Buch „Israel aber wird Sieg haben" - herausgegeben etwa gegen Ende des vorigen Jahrhundert - die furchtbare Feindschaft Moskaus gegenüber Israel. Diese Feindschaft hat Tradition und kommt immer unverhohlener jetzt wieder durch Putin zum Ausbruch. Sie existierte seitens der Sowjets bis 1989 und wurde von diesem, im Rahmen seiner Unterstützung des katastrophalen und menschenverachtenden Syrienkriegs - wieder aufgenommen und damit fortgesetzt. Wie sehr diese Praxis Tradition hat, ist von Wim Malgo in seinem Buch beschrieben worden. In diesem zitiert er eine Rede des israelischen Außenministers am 19. Juni 1967 vor der Generalversammlung der Vereinten Nationen, die dies deutlich zum Ausdruck bringt. Als Abba Eban seine Rede begann, verließen Kosygin und Gromyko den Saal der Generalversammlung. Nachstehend der Text dieser interessanten und schockierenden Rede:

„Ich sprach von Israels Abwehrkampf gegen die Angriffe von Nachtbarstaaten. Das ist aber nicht der ganze Hergang der Geschichte. Was immer sich im Nahen Osten zutragen mag, ob gut oder schlecht, Friede oder Konflikt, ist aufs Stärkste von dem bestimmt, was die Großmächte tun oder zu tun unterlassen. Wenn die Sowjetunion hier eine Diskussion hervorgerufen hat, so richtet sich unser Blick unwillkürlich auf die Geschichte ihrer eigenen Rolle bei den gegenwärtigen Geschehnissen im Nahen Osten. Es ist eine traurige und erschütternde Geschichte, aber sie muss mit aller Offenheit berichtet werden.

Seit 1955 hat die Sowjetunion die arabischen Staaten mit 2000 Tanks beliefert. Davon gingen an Ägypten mehr als 1000 mit 700 modernen Kampfflugzeugen und Bombern, neuerdings mit Bodenraketen. Ägypten allein bekam von der Sowjetunion 540 Feldgeschütze, 130 Medium-Geschütze, 200 Mörser 100 mm, 695 Luftabwehrgeschütze, 175 Raketenwerfer, 650 Anti-Tankgeschütze, 7 Zerstörer, eine Anzahl Luna-M und Sopka-2 Bodenraketen, 15 U-Boote und 46 Torpedoboote verschiedener Typen, darunter solche mit Raketenbestückung. Die ägyptische Armee wurde von Sowjetexperten trainiert. Dies wurde von ägyptischen Offizieren, die in israelischer Kriegsgefangenschaft gerieten, bestätigt. Der größere Teil dieses Kriegsmaterials wurde den arabischen Staaten nach der arabischen Gipfelkonferenz in Kairo von 1967 geliefert, die einen speziellen Plan für die Vernichtung Israels angenommen hatte und nachdem die arabischen Staaten diesen Plan öffentlich angekündigt hatten und sich bemühten, seine Durchführung durch Beschleunigung ihrer Waffenkäufe von der Sowjetunion zu fördern. Die Ausmaße der Waffenkäufe sind gekennzeichnet durch die überraschende Tatsache, dass allein das von den Ägyptern im Sinai zurückgelassene Kriegsmaterial sowjetischer Herkunft einen Wert von etwa 2 Billionen Dollar darstellt.

Mit der Lieferung von Angriffswaffen hat die Sowjetunion die militärische Vorbereitung der arabischen Staaten ermutigt. Seit 1961 haben die Sowjetwaffen dazu geführt Ägyptens Absicht zu unterstützen Israel zu erobern. Die große Menge an Offensivwaffen, die an die arabischen Staaten geliefert wurden, bestätigt diese Einschätzung. So hat eine Großmacht, die ständig die Bereitschaft zur friedlichen Regelung und zur Wahrung der Rechte anderer Staaten betont, den Nahen Osten in einem rasenden Rüstungswettlauf gestürzt, hat die Vereinten Nation als ein Instrument der Friedenssicherung lahmgelegt, hat sich blindlings mit Kräften identifiziert, die den Frieden bedrohen und hat Stellung bezogen gegen jene, die ihn verteidigen."

Nach ihrem Zusammenbruch im Jahr 1989, war die Sowjetunion ausgelaugt und besaß nicht mehr die Fähigkeit und die Kraft darin fortzufahren. Wie schon gesagt, hat sich mit dem

Auftreten von Putin allerdings inzwischen alles wieder geändert. Wie stark anzunehmen ist, könnten er oder ein anderer Machthaber Russlands es sein, die den Feldzug gegen Israel durchführen.

Auch China könnte dafür in Betracht kommen. Sie pflegen beispielsweise ein enge Beziehung zur Hamas. Die chinesische Führung, wie auch die der Türkei, stehen voll hinter der Hamas, deren Vertreter sie kürzlich zu Gesprächen eingeladen hatten. An deren Plan Israel auszulöschen haben sie offenbar nichts auszusetzen. Und niemand, auch die Nato nicht, werden sie daran hindern. Das wird auch niemand können! Selbst wenn sie Israel nicht angreifen wollten, würde Gott ihnen *„einen Haken ins Maul legen“* und zum Kommen zwingen (Hesekiel 38,4), um sie auf den Feldern Israels zu vernichten.

Bevor dies geschehen wird, muss sich nach dem Propheten die Bedingung für Israel *„alle wohnen sicher“* erfüllen. Anhand biblischer Prophezeiungen vermittelt Terschüren im nächsten Punkt, wie es zur Erfüllung dieser Bedingung kommen könnte.

5.3 Der „Arabische Frühling" und seine weiteren Auswirkungen

Der moderne Syrienkrieg hat schon dafür gesorgt, dass dieser Mischmasch von Kämpfern verschiedener Völker anfangen hatte, sich im nahen Norden Israels - jenseits der Golanhöhen - gegen Gottes Volk zu formieren. Die entstandene russisch-iranische Achse war - im Hinblick darauf - schon fester Bestandteil. Durch den Sturz Assads scheint dieses Bündnis allerdings erst einmal gestört zu sein.

Terschüren sagt, dass aber interessanterweise in Hesekiel 38 und 39 die historischen Feinde Israels der ersten 70 Jahre nicht auftauchen. Bei den Kriegshandlungen ging es dabei um Ägypten, Syrien, Jordanien und den Irak, doch keine dieser Nationen wird von Hesekiel im Zusammenhang mit dem Gog- von Magog-Krieg benannt.

U. a. hat der „Arabische Frühling" diese Nationen destabilisiert, so dass, wie Terschüren meint, keine dieser Nationen momentan fähig oder willens sein wird, gegen Israel zu kämpfen.

Es existieren zurzeit aber eine Reihe anderer Feinde, die Israel zu schaffen machen und ihnen das Leben schwermachen. Es gibt Anhaltspunkte, die deutlich machen, wie es trotzdem kurzfristig zu Israels Sicherheit kommen könnte. In seinem Artikel weist Terschüren auf einige Prophezeiungen der Bibel hin, die Anhaltspunkte dafür sein könnten und sagt:

„Syrien ist längst ein gescheiterter Staat - es gibt keinen Souverän über Syrien mehr und die biblischen Propheten geben uns Anlass dazu, davon auszugehen, dass die Zerstörung Syriens noch fortschreiten wird. Jesaja sagt die völlige Zerstörung von Damaskus voraus. Dabei ist Damaskus die am längsten kontinuierlich bewohnte und unzerstörte Stadt des Nahen Ostens."

Dazu der Text von Jesaja 17,1-3 (Luther 84):

„Dies ist die Last für Damaskus: Siehe, Damaskus wird keine Stadt mehr sein, sondern ein zerfallener Steinhaufen; seine Städte werden verlassen sein für immer, dass Herden dort weiden, die niemand verscheucht. Und es wird aus sein mit dem Bollwerk Ephraims und mit dem Königtum von Damaskus; ... ".

Anmerkung:

Derartiges ist der Stadt, die eine der ältesten überhaupt ist, noch nicht zugestoßen. Im Moment formieren sich nach Assads Sturz sogar neue Machthaber in Syrien. Stellte das Land mit dem Assad-Regime und der Hisbollah - in Verbindung mit dem Iran und Russland - bisher ein großer Unruhepol für Israel dar, ist dies zurzeit unterbunden. Dies Achse scheint zerschlagen zu sein. Momentan sieht es aber nicht so aus, als würde es kurzfristig zur völligen Zerstörung der Stadt

Damaskus kommen, was auch noch niemals der Fall war. Vielleicht könnte es in Folge durch den Gog von Magog-Krieg dazu kommen.

Terschüren:

Es muss noch etwas mit zwei weiteren modernen Feinden Israels geschehen, damit die Bühne frei wird. Die Rede ist von der Hamas im Gazastreifen und der Hisbollah im Libanon. Der Prophet Joel spricht im vierten Kapitel in den Versen 4-9 von der Zerschlagung des Libanon (>>Tyros und Sidon<<) und des Gazastreifens."

Dazu auch noch der Text in Joel 4, 4 (Luther 84):

„Und ihr aus Tyrus und Sidon und aus allen Gebieten der Philister, was habt ihr mit mir tun? Wollt ihr mir's heimzahlen? Wohlan, zahlt mir's heim, so will ich's euch eilend und bald heimzahlen auf euren Kopf."

Die Städte Tyrus und Sidon liegen beide im Libanon. Die Hafenstadt Tyros wurde z. B. zwar von Israel angegriffen, aber nur um die Stellungen der Hisbollah zu zerstören. Es geht dabei noch nicht um die Zerschlagung des Libanon, sondern um die Herstellung von Frieden und Sicherheit für Israel.

Terschüren:

Aber auch der Gasastreifen ist betroffen, denn Sacharja 9,5-6 und Zephanja 2,4 sprechen von der Zerstörung des Gazastreifens. Die schon vor langer Zeit von zwei unterschiedlichen Propheten gemachten Aussagen in diesen beiden Bibelstellen sind so verblüffend, dass sie nachstehend aufgeführt werden:

Sacharja 9,5-6 (Luther 84):

*„Wenn Aschkelon (Stadt im Südbezirk Israels) das sehen wird, wird es erschrecken und Gaza wird sehr angst werden dazu Ekron, denn seine Zuversicht wird zuschanden. Es wird aus sein mit dem **König von Gaza**, und in Aschkelon wird man nicht mehr wohnen und in Aschdod werden Mischlinge wohnen."*

Zephanja 2,4 (Luther 84):

„Und Gaza wird verlassen und Aschkelon verwüstet werden. Aschdod soll ... vertrieben und Ekron ausgewurzelt werden."

Gaza war stets nur ein Teil von Palästina. Es ist nicht bekannt, dass dieses Gebiet je so etwas, wie ein kleines Königreich mit einem König gewesen wäre. Lediglich die Hamas hat den Landstrich zu einem Staatsgebilde erhoben, wobei ihr Hauptverantwortlicher Jihia al-Sinwar, wie ein „König" - im Führungsduo mit Ismail Hanija - regierte. Mit ihnen ist es aber aus! Israel hat ihr Königtum - zusammen mit fast der gesamten übrigen Führungsriege - vorerst beendet. Sie sind jedoch nicht ganz besiegt. Wenn es jetzt zu Frieden kommt, wird dies aber nur ein vorübergehender sein. Sie werden jede sich bietende Gelegenheit nutzen, um Israel doch auszulöschen.

Nach Wikipedia war **Ekron** eine der Städte der Philister. Sie liegt im heutigen Israel wird mit Tel Miqne gleichgesetzt. **Aschdod** wie **Aschkelon** sind ebenfalls Städte im Südbezirk Israels. Diese Weissagungen stimmen im Augenblick nicht mit dem aktuellen Geschehen in Israel überein, denn die Städte sind zurzeit nicht von so massiven Einwirkungen ausgesetzt, dass ihre Existenz bedroht wäre. Dies wird - zusammen mit Gaza - endgültig wohl später geschehen.

Anmerkung:

Geschichtlich sind die Philister bis hin zu den heutigen Palästinensern und Phöniziern (bei denen es sich um Kanaanäer handelte) stets Feinde Israels gewesen. Der Begriff >>Palästinenser<< stammt im Hebräischen, Lateinischen und Griechischen von dem Wort für Philister ab.

Nach Wikipedia gehörten die drei Städte zu den fünf wichtigsten Küstenstädte der Philister, zu denen auch Gath und Gaza zählten. Diese Stadtstaaten bildeten eine Konföderation. Sie lieferten sich bei der Ausdehnung ins Landesinnere, gemäß der Bibel, über Jahrhunderte immer wieder Kämpfe mit den bereits angesiedelten Israeliten.

Die Brockhaus Enzyklopädie schreibt, dass es sich bei ihnen um Seevölker handelte, die durch Palästina an die Grenzen Ägyptens vorstießen und wohl aus Kreta kamen. 1176 vor Chr. sollen sie durch Pharao Ramses III. in einer Land- und einer Seeschlacht geschlagen und in der südwestlichen Küstenebene von Palästina angesiedelt worden sein.

Im christlichen Lexikon „LOGO aktiv" wird außerdem erklärt, dass Kaiser Hadrian der römischen Provinz Judäa - nach dem jüdischen Aufstand von 132 - 135 n. Chr. den Namen Palästina (die griechische Bezeichnung für das Land der Philister) gab.

Wenn von Syrien, der Hisbollah im Libanon, der Hamas im Gazastreifen und auch von Russland und dem Iran augenblicklich keine Gefahr mehr ausginge, käme es wirklich zur Ruhe und Sicherheit für alle in Israel. Die aktuelle Lage gibt zu solchem Denken Anlass dazu.

Zwischen Israel, der Hisbollah und der Hamas ist es zurzeit zu einem bedingten Waffenstillstand gekommen. Durch die bedeutende Schwächung ihrer Positionen sowohl im Gazastreifen als auch im Libanon und durch das Wegbrechen des Assad-Regimes einschließlich der russisch-iranischen Achse in Syrien, könnte dies sogar zu einer Verlängerung führen. Wie gesagt, sieht dies langfristig aber ganz anders aus, denn sie alle werden ihren Plan, Israel auszulöschen zu wollen, nicht aufgeben.

Terschüren:

Genau in diesem Rahmen setzt Hesekiel den Gog von Magog-Krieg an. Hesekiel bettet seine Prophetie in einen klaren historischen Kontext ein, aus dem hervorgeht:

*>>Nach langer Zeit sollst du aufgeboten werden; am Ende der Zeiten sollst du in ein Land kommen, das dem Schwert entrissen ist, und zu dem Volk, das aus vielen Völkern gesammelt ist, nämlich auf die Berge Israels, die lange Zeit verwüstet gewesen sind, **und nun ist es herausgeführt aus den Völkern, und sie alle wohnen sicher**<< (Hesekiel 38,8). Das heißt, die Erfüllung der Prophezeiung wird in einer Zeit geschehen, in der alle Einwohner Israels in Sicherheit wohnen.*

Die oben genannten Prophetien bieten die Erklärung dafür, wie es in unseren Tagen geschehen könnte, dass Israel sicher wohnt, weil dies als die letzte Vorbedingung für den Gog- und Magog-Krieg gilt. Damit bietet sich auch eine Erklärung für die historischen Umwälzungen im Nahen Osten an, die zurzeit in vollem Gange sind. Auf welche Weise die Prophezeiungen - möglicherweise schon in aller Kürze in Erfüllung gehen werden, ist momentan aber noch ein Geheimnis. " [27]

Aber wenn dies geschehen wird, kommt es in Israel zu einem Gottesgericht über den Gog von Magog und seine Heerscharen. Darüber hinaus wird das Gericht auch über ihr Herkunftsland ergehen, wenn es in Hesekiel 39,6 (Luther 84) heißt:

„*Und ich will Feuer werfen auf Magog und auf die Bewohner der Inseln, die so sicher wohnen, und sie sollen erfahren, dass ich der Herr bin.*"

Rene Pasche sagt:

„*So wird sich das Strafgericht nicht allein auf die in Israel versammelten Heere beschränken. Die zurückbleibenden Völker, deren Mitschuld offenbar ist, sollen auch gerichtet werden. Nicht nur soll Gog geschlagen werden, sondern auch sein Land Magog.*" [28]

Sehr interessant ist ein Artikel in der Zeitschrift „aktuell" des Bibel-Centers Breckerfeld, in der aufrüttelnd und zukunftsweisend über den Propheten Hesekiel geschrieben wird. Unter anderem wird unter der Überschrift „3. Wiedererwachen der Feinde Israels (Kp. 38+39)" auf den Gog- und Magog-Krieg hingewiesen. Diese Ausführungen vermitteln eine wertvolle zusammenfassende Sicht zu drei bevorstehenden Kriegen in der Endzeit:

„Oft wird der Krieg aus Hesekiel 38+39 mit der Schlacht von Harmagedon (Offenbarung 16,16) identifiziert. Bei genauer biblischer Betrachtung fällt allerdings auf, dass es sich nicht um dasselbe Ereignis handeln kann: Das Gesamtbild der biblischen Aussagen weist darauf hin, dass die Schlacht bei „Harmagedon" am Ende der 7-jährigen Trübsal, kurz vor dem Beginn des Millenniums (1000-jähriges Reich) stattfindet. Der Anführer dieses Kriegsheeres wird der Antichrist mit seinen dämonischen Mächten sein (Offenbarung 16,13ff.), der alle Nation hinter sich versammelt."

Bei dem Krieg aus Hesekiel 38+39 mit der Schlacht vom Harmagedon handelt es sich auch nicht um die letzte Schlacht vom „Gog von Magog", von der uns in Offenbarung 20,8 berichtet wird. Die Schlacht aus Offenbarung 20.8 findet am Ende des Millenniums, kurz vor dem Gericht am weißen Thron statt. Dort zieht Satan in einem allerletzten Aufbäumen allein mit den verführten Nationen gegen die Heiligen und Jerusalem.

Das Gericht über „Gog und die Völker des Nordens, beschrieben in Hesekiel 38+39, findet jedoch vor dem Millennium statt. Es ist ein wirtschaftlicher Krieg, auch ein Raubzug. Es werden keine dämonischen Mächte beschrieben und die Feinde sind Gog und die Völker des Nordens und nicht alle Völker der Welt. Folglich unterscheidet sich Hesekiel 38+39 von Offenbarung 20,8 und bezieht sich auf ein anderes Ereignis. Die Aussagen der biblischen Prophetie deuten somit auf drei unterschiedliche Kriege hin.

Die Autoren schreiben aber noch, dass das Ende dieses Nahostkriegs nach dem Text von Hesekiel 38+39 die 7-jährige Trübsalszeit einleiten könnte, weil diese mit einem Friedensschluss bzw. -bund beginnen wird (Daniel 9,27, Offenbarung 9,2). Und sagen, dass auch dies dafür spricht, dass der Nahostkrieg zuerst vorangehen müsste. [29]

Näheres zum Zustandekommen eines solchen Bundes des Antichristen mit Israel im nächsten **Punkt 6.1.**

Tausend Jahre später wird Satan wieder den Gog und den Magog verführen, um sie zum Krieg zu versammeln. Und die Völker zogen auf der breiten Fläche der Erde herauf, umringten das Heerlager der Heiligen und die geliebte Stadt. Noch während sie dabei sind dies zu tun, fällt Feuer vom Himmel und verzehrt sie restlos (Offenbarung 20,7-9). Es kommt deshalb gar nicht zu einer Schlacht, bei der Schlachtreste entstehen würden. So muss es sich bei dem Gog und dem Magog in Hesekiel 38 und 39 um einen völlig anderen handeln, weil bei dem - wie aus dem Text hervorgeht - eine Unmenge Schlachtreste übrigbleiben, für dessen Beseitigung allein das Volk Israel sieben Jahre benötigt.

6. Die besonderen Ereignisse während der Trübsalzeit

6.1 Der Bund des Antichristen mit Israel

Nach der Zerschlagung des Gog von Magog kommt es zum Friedensschluss. Wie Daniel sagt, werden die Bewohner der Städte Israels allein sieben Jahre brauchen, um die Reste der Schlacht zu beseitigen. Trotzdem werden sie glauben, nun in Frieden leben zu können. In 1. Thessalonicher 5,3 (Luther 84) wird aber gesagt, dass dieses Empfinden trügerisch ist, was der Aussage des nachstehenden Textes entspricht:

„Wenn sie sagen werden: Es ist Friede, es hat keine Gefahr; dann wird sie das Verderben schnell überfallen, wie die Wehen eine schwangere Frau und sie werden nicht entfliehen."

Die Gefahr wird von dem kommenden Antichristen ausgehen, der zu diesem Zeitpunkt längst parallel dazu tätig ist, sein Schreckensreich zu errichten. Dies wird in der Zwischenzeit Israel aber nicht daran hindern zu versuchen, sich einen lange gehegten Wunsch zu erfüllen, nämlich wieder einen Tempel oder ein ihm mindestens ähnliches Heiligtum zu besitzen. Darum geht es also! Für den Antichristen ist dieses Heiligtum, wie sich noch zeigen wird, aber von ebenso großem Interesse.

Bekannt ist, dass die Juden - seit ihrer Vertreibung vor ca. 2000 Jahren - unbeirrt Gott baten in ihr Land zurückzukehren zu dürfen, um ihren Tempel ein drittes Mal möglichst am alten Standort neu entstehen zu lassen. Als ein großes Hindernis wird aber das Heiligtum des Islams der Felsendom angesehen, der auf dem ehemaligen Tempelgelände steht.

Langjährige wissenschaftliche Untersuchungen in Israel haben ergeben, dass für den Bau dieses Tempels das islamische Heiligtum aber nicht weichen müsste, weil der ursprüngliche Standort des zerstörten zweiten Tempels auf dem gleichen Gelände an einer anderen Stelle war.

In einem Bericht des israelischen Publizisten Doron Schneider ist zu lesen, dass das Tempelinstitut in Jerusalem schon seit drei Jahrzehnten daran arbeitet, die Öffentlichkeit aufzuklären und praktische Schritte zur Vorbereitung des dritten Tempels zu gehen. Auch schon 1974 hat der Archäologe Asher Kaufmann von der Hebräischen Universität mit dem ausführlichen Studium des Tempelstandortes begonnen. Inzwischen haben dessen Studien ergeben, dass nicht dort, wo heute der Felsendom mit der goldenen Kuppel (die Omar-Moschee) steht, der salomonische und herodianische Tempel gestanden hat, sondern sich weiter nordwestlich befand. An der Nordwestecke des Tempelgeländes steht eine kleine unscheinbare Kuppel, die in Arabisch das Andenken an die Gesetzestafeln bewahrte, so dass die Schechina, die als Inbegriff der Gegenwart und Wohnung Gottes im alten Tempel galt, nördlich vom Felsendom gestanden haben muss. Schneider berichtet weiter, dass anfänglich die anerkannten Archäologen zögerten sich der Meinung Kaufmanns anzuschließen. Mit der neuen Entdeckung des eigentlichen Standortes wäre es möglich, den dritten Tempel dort aufzubauen, wo er einst stand, indem noch genügend Abstand zum Felsendom bliebe. Auf die Frage Schneiders, ob der dritte Tempel gebaut werden wird, antwortete Kaufmann: *„Es ist uns eine heilige Gesetzespflicht, diesen dritten Tempel zu bauen".*

Geschichtlich merkt Schneider dazu noch an:

„Obwohl dieser Berg, die ehemalige Tenne des Jebusiters Aravnah, von König David käuflich erworben wurde, damit sein Sohn Salomo dort den Grundstein zum Hause Gottes legen konnte, - auch wenn der Platz politisch Israel gehört - dürfen heute keine Juden dort beten. Die erst viel später auftauchenden Moslems beanspruchen diesen Platz als ihr drittes Heiligtum - obgleich Jerusalem nirgends im Koran erwähnt wird. Der Kreis zieht sich immer enger um den Kern zusammen. Irgendwann schlägt für den Tempelplatz die Rückkehrstunde. Angeführt von Yehoshua Cohen, eingekleidet im weißen Hohepriestergewand und begleitet von Musikanten,

die biblische Posaunen bliesen und Harfen spielten, wurde am 16. Oktober 1989, am Laubhüttenfest, der „Tempelstein" nach Jerusalem gebracht." [30]

Auch für den Antichristen (und damit vor allem für Satan) ist der Bau eines solchen Heiligtums unumgänglich, weil dieses der Ort sein wird, an dem er - an der Stelle Gottes - angebetet werden will. Interessant ist dazu der Kontext von 2. Thessalonicher 2,1-4 (Luther 84):

„Was nun das Kommen unseres Herrn Jesus Christus angeht und unsere Vereinigung mit ihm, so bitten wir euch liebe Brüder, dass ihr euch in eurem Sinn nicht so schnell wankend machen, noch erschrecken lasst - weder durch eine Weissagung noch durch ein Wort oder einen Brief, die von uns sein sollen - als sei der Tag des Herrn schon da. Lasst euch von niemandem verführen, in keinerlei Weise; denn zuvor muss der Abfall kommen und der Mensch der Bosheit offenbar werden, der Sohn des Verderbens. Er ist der Widersacher, der sich erhebt über alles, was Gott oder Gottesdienst heißt; so dass er sich in den Tempel Gottes setzt und vorgibt, er sei Gott."

Aus dem Text geht hervor, dass Paulus einen in der Zukunft liegenden Vorgang, direkt vor Jesu zweitem Kommen beschreibt, der sich auf die Endzeit bezieht. Darauf weisen auch die Verse 2. Thessalonicher 2,5ff. hin. Interessant ist aber auch der Kontext von Offenbarung 11,1-2 (Luther 84), in dem es auch um einen Tempel in der Endzeit geht und dem Seher Johannes die Anweisung gegeben wird:

„Und es wurde mir ein Rohr gegeben, einem Maßstab gleich, und mir wurde gesagt: Steh auf und miss den Tempel Gottes und den Altar und die dort anbeten. Aber den äußeren Vorhof des Tempels lass weg und miss ihn nicht, denn er ist den Heiden gegeben; und die heilige Stadt werden sie zertreten zweiundvierzig Monate lang."

Dies setzt voraus, dass das, was vermessen werden soll, auch vorhanden ist, was dreierlei, den Tempel, den Altar und den Vorhof betrifft, selbst wenn dieser nicht vermessen wird. Es setzt auch voraus, dass Israel in der Endzeit wieder einen Tempel haben wird und einen Altar, an dem angebetet wird. Es macht keinen Sinn etwas vermessen zu sollen, was gar nicht existiert Merkwürdigerweise meine evangelikale Ausleger, dass dessen Vermessung nur symbolisch zu verstehen ist.

Erstaunlicherweise kommentieren nämlich die Theologen Adolf Pohl und Fritz Grünzweig sowohl in der Wuppertaler Studienbibel als auch im EDITION C Bibelkommentar übereinstimmend, dass es sich bei diesem Tempel nicht um einen wirklichen alttestamentlichen handeln kann.

Fritz Grünzweig meint, dass dies deshalb nicht der Fall sein kann, weil wir uns im Bereich des Neuen Testaments befinden. Da ist der Tempel die Gemeinde Jesu (1. Korinther 3,16-17). [31]
Und Adolf Pohl sagt, dass Johannes hier nicht von einem architektonischen, sondern von einem theologischen Begriff „Tempel" spricht. So hält er ihn, wie Grünzweig, für den des neuen Bundesvolkes, so dass es sich bei der Vermessung nur um eine symbolische handeln könne. [32]
Das widerspricht dem Gesamtzusammenhang der Bibel in Bezug auf Israel. In Sonderheit auch dem Text von Römer 11, in dem klar ausgedrückt ist, dass das neutestamentliche Volk Gottes, die Kirche, nicht die Stelle des alttestamentlichen einnimmt. Trotzdem wird diese Meinung seit der Reformation - und das bis heute - in beiden Großkirchen vertreten, weil man meint, dass die neutestamentliche Gemeinde tatsächlich an die Stelle des Volkes Israel getreten ist. Besonders Luther hielt die Juden nicht mehr für Gottes Volk und legte den Juden gegenüber ein so aggressives Verhalten an den Tag, dass sogar die Nazis sich bei ihren Schandtaten auf

ihn beriefen. Es handelt sich dabei um ein großes Missverständnis!

In ihrem Kommentar zu Offenbarung vertreten John F. Walvoord und Roy B. Zuck - im Gegensatz dazu - die Auffassung:

„Der Tempel, um den es hier geht, wird erbaut werden, damit die orthodoxen Juden in der ersten Hälfte der siebenjährigen Zeitspanne, die als Daniels 70. Woche bezeichnet wird, nach dem mosaischen Gesetz darin Opfer darbringen können. Zu Beginn der zweiundvierzig Monate währenden großen Trübsal jedoch werden die Opfer aufhören, der Tempel wird entweiht werden und zum Heiligtum für den Weltherrscher in dieser Zeit umfunktioniert, der ein Götzenbild im Tempel aufstellen und sich selbst als Gott proklamieren wird." [33]

Dabei ist denkbar, dass der Antichrist, der gemäß **Punkt 4.1** („Die Entstehung des antichristlichen Welteinheitsstaates") seine Macht schon vor der siebenjährigen Trübsalzeit empfängt, um Israel bei Bau ihres Tempels zu unterstützen und deshalb in einen Bund mit dem Volk Israel eintreten wird. So wird sich Israel als Volk zu einem Bund mit dem Übermenschen verführen lassen, auch sogar von einem, der vielleicht als Jude selbst aus dem Judentum hervorgegangen ist. Einige Ausleger halten dies für möglich, weil die Juden ihm wahrscheinlich ansonsten nicht gefolgt wären und es vielleicht auch deshalb nicht zu einem Bund mit ihnen gekommen wäre. Allerdings gibt es keinen biblischen Nachweis für diese Annahme.

Für Israel aber wird dieser Bundesfriede nicht von langer Dauer sein. Denn er wird diesen Bund brechen. Auf welche Weise geht nun aus dem Text von Daniel 9,27a (Luther 84) hervor:

„Er wird aber vielen den Bund schwer machen eine Woche lang. Und in der Mitte der Woche wird er Schlachtopfer und Speisopfer abschaffen. Und im Heiligtum wird stehen ein Gräuelbild, das Verwüstung anrichtet, bis das Verderben, das beschlossen ist, sich über die Verwüstung ergießen wird."

Auch im Matthäus-Evangelium wird die große Bedrängnis geschildert, in die Israel nun durch die Aufstellung des Gräuelbilds im Heiligtum und die Ablehnung desselben durch die Juden gemäß dem Text von Matthäus 24,15-18 (Luther 84) gerät:

„Wenn ihr nun sehen werdet das Gräuelbild der Verwüstung stehen an der heiligen Stätte, wovon gesagt ist durch den Propheten Daniel (Dan 9,27 und auch Markus 13,14) - wer das liest, der merke auf! - als dann fliehe auf die Berge, wer in Juda ist; und wer auf dem Dach ist der steige nicht hinunter, etwas aus dem Hause zu holen; und wer auf dem Feld ist, der kehre nicht zurück, seinen Mantel zu holen.
Bittet aber, dass Eure Flucht nicht geschehe im Winter oder am Sabbat. Denn es wird eine große Bedrängnis sein, wie sie nicht gewesen ist vom Anfang der Welt bis jetzt und auch nicht wieder werden wird. Und wenn diese Tage nicht verkürzt würden, so würde kein Mensch selig werden: aber um der Auserwählten willen werden diese Tage verkürzt."

In Israel kommt es also zur Abschaffung der Schlacht- und Speisopfer, die ja zur Ehre Gottes erbracht wurden. Das passt Satan, denn es geht ihm jetzt um seine Ehre. Deshalb lässt er sich im Tempel im Gräuelbild des Antichristen anbeten, was er im Zuge dessen auch von der gesamten Menschheit verlangen wird, was die Juden nicht tun werden! Deshalb werden sie einer massiven Verfolgung ausgesetzt sein. Wenn sie nicht umgebracht werden wollen, müssen sie fliehen. Dieser Situation werden auch alle anderen ausgesetzt sein, die sich verweigern, das Bild anzubeten.

Eine Verfolgung der Juden in dieser Form hat es beispielsweise nur unter Antiochus IV.

Epiphanes (175-163 v. Chr.) schon einmal gegeben. Dieser, der nach Daniel 11,31 in Jerusalem einfiel, stellte ebenfalls im damaligen 2. Tempel ein Gräuelbild der Verwüstung auf, mit dem er das Heiligtum entweihte. Auch er schaffte das tägliche Opfer ab und verlangte, dass er angebetet würde. Das lehnten die Juden damals ebenfalls ab. So löste dies seiner Zeit dann für sie auch eine schreckliche Verfolgung aus, bei der viele umgekommen sind.

Das gleiche Geschick wird durch den Antichristen auch Christen zu Teil. Eine Ablehnung der Anbetung des Bildes führt dazu, wie es in Offenbarung 13,15 gesagt ist, *„dass alle, die das Bild des Tieres nicht anbeten, getötet würden"*. Sie werden auch versuchen zu fliehen, oder auf andere Weise von Gott bewahrt bleiben. Es wird aber nur ein „Entweder-oder" geben!

6.2 Die Versiegelung der Knechte Gottes

Ihre Versiegelung geschieht nach Offenbarung 7,1-8 (Luther 84):

Danach sah ich vier Engel stehen an den vier Ecken der Erde die hielten die vier Winde der Erde fest, damit kein Wind auf die Erde blase noch über das Meer noch über irgendeinen Baum. Und ich sah einen anderen Engel aufsteigen vom Aufgang der Sonne her, der hatte das Siegel des lebendigen Gottes und rief mit großer Stimme zu den vier Engeln, denen Macht gegeben war, der Erde und dem Meer Schaden zu tun:
Tut der Erde und dem Meer und den Bäumen keinen Schaden, bis wir versiegeln die Knechte unseres Gottes an ihren Stirnen.
Und ich hörte die Zahl derer, die versiegelt wurden: hundertvierundvierzigtausend, die versiegelt waren aus allen Stämmen Israels: aus dem Stamm Juda zwölftausend, aus dem Stamm Ruben zwölftausend, aus dem Stamm Gad zwölftausend, aus dem Stamm Asser zwölftausend, aus dem Stamm Naftali zwölftausend, aus dem Stamm Manasse zwölftausend, aus dem aus dem Stamm Simeon zwölftausend, aus dem Stamm Levi zwölftausend, aus dem Stamm Issachar zwölftausend, aus dem Stamm Sebulon zwölftausend, aus dem Stamm Josef zwölftausend, aus dem Stamm Benjamin zwölftausend versiegelt."

In Offenbarung 7 sind zwei Gruppen voneinander zu unterscheiden. Bei der einen Gruppe geht es um die Versiegelten Israeliten, die am Leben bleiben. Bei der anderen um die Märtyrer, die ums Leben kommen, aber ihren Platz im Himmel finden.

Für einige Ausleger sind die Versiegelten nach obigem Text messianische Christen aus den Juden und den assimilierten israelitischen Stämmen in den Völkern, was als richtig angenommen werden kann. Sie meinen aber dazu in einem weiteren Denkschritt, dass mit den 144000 Versiegelten nicht wirklich Israeliten gemeint sind, sondern dass diese Zahl die Vollzahl der vollendeten Gemeinde Jesu symbolisiert.

Wieder andere Ausleger sind deshalb angesichts der präzisen Angaben in Bezug auf die zwölf Stämme Israels im Gegensatz dazu der Auffassung, dass es bei den 144000 wirklich um Glaubende Israeliten aus allen Völkern geht. Daran besteht wohl kein Zweifel, denn Johannes sah sie zusammen mit Jesus auf dem Berg Zion stehen und *„sie hatten seinen Namen und den Namen seines Vaters an ihrer Stirn geschrieben"* (Offenbarung 14,1).

Adolf Pohl formuliert dazu in der Wuppertaler Studienbibel:

„Wir stellen fest, dass Johannes das Lamm hier nicht wie in Kapitel 5 im Himmel schaut, sondern auf der Erde ... auf dem Berg Zion. Hauptsächlich verbindet sich der Name ... mit dem Tempelberg als Gotteswohnung. Zion ist die Hoheitszone Gottes und wird zum von der Geographie abgelösten Heilsausdruck, ... schließlich Inbegriff für das endzeitliche Heil. Jede Deutung dieser Schar auf einen Gemeindeteil, etwa auf den bereits vollendeten Teil >>im

Himmel<<, verkennt den Grund Sinn der Zahl 144.000 und verkleinert das mit ihr zusammenhängende Bewahrungswunder. Genauso wenig empfängt Johannes hier eine Vorschau auf die vollendete Gemeinde. Also weder im Jenseits noch erst in der Zukunft befinden sich diese Hundertvierundvierzigtausend beim Lamm, sondern in der Drangsal der Endzeit. "[34]

Die 144000 stehen also lebend mit Christus auf der Erde und zwar auf dem Berg Zion. Unzweifelhaft handelt es sich um Christen, die sich mit Christus jetzt im Tausendjährigen Reich befinden. Handelt es sich dabei um Stammmannschaft, denn im Tausendjährigen Reich werden wieder die 12 Stämme Israels komplett vertreten sein.

Die 10 Stämme des Nordreichs Israels sind in der Völkerwelt assimiliert, so dass sie heute nicht mehr zu unterscheiden sind, was aber nicht heißt, dass sie für Gott auch nicht mehr zu unterscheiden sind. Ihre Aussonderung aus der Völkerwelt erfolgte im Zuge ihrer Versiegelung. Näheres dazu noch unter **Punkt 9.1.3.**

6.3 Die Verkündigung des Evangeliums auf der ganzen Erde

Diese ist im Text von Matthäus 24,14 (griechischer Originaltext) formuliert:
„ Und verkündigt werden wird diese Frohbotschaft vom Reich auf der ganzen bewohnten Erde zum Zeugnis allen Völkern, und dann wird kommen das Ende."
Wie dies schließlich, während der großen Trübsal, noch geschehen wird, ist im Text von Offenbarung 14, 6-7 (Luther 84) erklärt:
„ Und ich sah einen anderen Engel fliegen mitten durch den Himmel, der hatte ein ewiges Evangelium zu verkünden denen, die auf der Erde wohnen, allen Nationen und Stämmen und Sprachen und Völkern. Und sprach mit großer Stimme:
Fürchtet Gott und gebt ihm die Ehre; denn die Stunde seines Gerichts ist gekommen! Und betet an den, der gemacht hat Himmel und Erde und das Meer und die Wasserquellen."

Jakob Tscharntke weist in seinem Buch darauf hin, dass - wenn der Antichrist das Gräuel der Verwüstung an heiliger Stätte aufrichtet - dann jeder Christ wissen müsste, dass die letzten dreieinhalb Jahre begonnen haben. Dann würde aber das Moment der Plötzlichkeit (Lukas 12, 35 und 40) der Berechenbarkeit weichen und sagt:
„ Das ist und bleibt für mich daher eines der wichtigsten Argumente für die Vorentrückung." [35]

Die Verkündigung des Evangeliums geschieht offenbar als ein besonderes Gnadenangebot Gottes, bevor mit den sieben Zornesschalen die ganz schlimmen Gerichte kommen. So geschieht dies von daher wahrscheinlich irgendwann **in der Mitte der Herrschaft des Antichristen** und ist nochmals ein Ruf zur Umkehr und die Gelegenheit zur Buße für alle Welt.

Rene Pasche sagt in seinem Buch „Die Wiederkunft Jesu Christi", dass sich bezüglich der Verkündigung des Evangeliums etwas Ähnliches bisher niemals ereignet hat. Er führt aus, dass, wie wir wissen, das Evangelium vor der Wiederkunft Jesu zuvor in der ganzen Welt allen Völkern zum Zeugnis gepredigt werden muss, bevor das Ende kommt. Zwar wissen wir, welche erfreulichen Fortschritte seit hunderten Jahren hierin und besonders in der Bibelverbreitung und der missionarischen Durchdringung vieler Teile des Erdballs gemacht worden sind. Aber viele Seelen sind sogar in unseren als christlich geltenden Ländern Europas niemals persönlich in Berührung mit dem wahren Evangelium gekommen. Wenn nun die Evangelisation der Welt also noch lange nicht abgeschlossen ist, so könnten wir uns fragen, ob nicht auch das Ende dieses Zeitalters und damit die Endzeit und das zweite Kommen Jesu, in weiter Ferne liegen. [36]

Während das erste Tier, der Antichrist, wie wir in Offenbarung 13,7 lesen, Gewalt ausübt über jeden Stamm und Volk und Sprache und Nation, sorgt Gott am Ende noch dafür, dass das Evangelium ebenfalls an jede Nation und Stamm und Sprache und Volk verkündigt wird. In dem Gesicht erscheint ein Engel als ein Bote. Auch wenn es eigentlich den Menschen vorbehalten ist das Evangelium zu verkünden, scheint es Gott zu gefallen, dies durch einen Engel ausführen zu lassen, so dass auch Matthäus 24,14 noch in Erfüllung geht und nach diesem prophetischen Wort die ganze Welt mit dem Evangelium - vor Jesu zweitem Kommen - doch erreicht wird.

6.4 Die zwei Zeugen

Zwei von Gott eingesetzte Zeugen (griech. = Märtyrer) werden in Offb. 11,3-12 vorgestellt:

*„**Und ich will meinen zwei Zeugen Macht geben**, und **sie sollen weissagen** tausendzweihundertundsechzig Tage lang mit Trauerkleidern. Diese sind die zwei Ölbäume und die zwei Leuchten, die vor dem Herrn der Erde stehen. Und wenn ihm jemand schaden tun will, so kommt Feuer aus ihrem Mund und verzehrt ihre Feinde; und wenn ihm jemand Schaden tun will, muss er so getötet werden. Diese haben Macht, über die Wasser, sie in Blut zu verwandeln und die Erde zu schlagen mit Plagen aller Art, so oft sie wollen. Und wenn sie ihr Zeugnis vollendet haben, so wird das Tier, das aus dem Abgrund aufsteigt, mit ihnen kämpfen und wird sie überwinden und wird sie töten. Und ihre Leichname werden liegen auf dem Marktplatz der großen Stadt, die heißt geistlich: Sodom und Ägypten, wo auch ihr Herr gekreuzigt wurde. Und Menschen aus allen Völkern und Stämmen und Sprachen und Nationen sehen ihre Leichname drei Tage und einen halben und lassen nicht zu, dass ihre Leichname ins Grab gelegt werden. Und die auf Erden wohnen, freuen sich darüber und sind fröhlich und werden einander Geschenke senden; denn diese zwei Propheten hatten gequält, die auf Erden wohnten.*

Manche Ausleger meinen, dass es sich bei den zwei Zeugen um Henoch und Elia handeln könnte. Berichtet wird, dass sie zunächst in ihrem Dienst nicht behindert werden. Möglicherweise geschieht ihre Zeugenschaft auch in der Zeit der ersten tausendzweihundertundsechzig Tage des Antichristen, dessen eigentliche Schreckensherrschaft erst in den letzten dreieinhalb Jahren vor sich geht. In Vers 7 heißt es nämlich: *„ Und wenn sie ihr Zeugnis vollendet haben, so wird das Tier, das aus dem Abgrund aufsteigt, mit ihnen kämpfen und wird sie überwinden und wird sie töten."* Dieses Tier ist ohne Zweifel der Antichrist. Danach werden ihre Leichname drei Tage und einen halben auf der Erde liegen und den gaffenden Blicken und der Freude darüber der Menschheit ausgesetzt sein. Die große Stadt, die Erwähnung findet, ist Jerusalem, denn im Text ist gesagt, *„die heißt geistlich: Sodom und Ägypten, wo auch ihr Herr gekreuzigt wurde."* Gott lässt es dann zu, dass sie zwar getötet werden, aber danach werden sie wieder lebendig (Offenbarung 11,11-12, Luther 84):

„Und nach drei Tagen und einem halben fuhr in sie der Geist des Lebens von Gott und sie stellten sich auf ihre Füße. Und sie hörten eine große Stimme vom Himmel zu ihnen sagen: Steigt herauf! Und sie stiegen auf in den Himmel in einer Wolke und es sahen sie ihre Feinde."

Es hat den Anschein, dass sowohl die Ereignisse von **Punkt 6.3** als auch die von **Punkt 6.4** sich in den ersten dreieinhalb Jahren der antichristlichen Herrschaft ereignen könnten.

6.5 Die große Schar vor dem Thron Gottes aus allen Völkern

An dieser Stelle geht es um Christen, die aus der großen Trübsalzeit gekommen sind, siehe Offenbarung 7,9-17 (Luther 84):

„Danach sah ich, und siehe, eine große Schar, die niemand zählen konnte, aus allen Nationen Stämmen und Völkern und Sprachen; die standen vor dem Thron und vor dem Lamm, angetan

mit weißen Kleidern und mit Palmzweigen in den Händen, und riefen mit großer Stimme: Das Heil ist bei dem, der auf dem Thron sitzt, unserem Gott und dem Lamm! Und alle Engel standen rings um den Thron und um die Ältesten und um die vier Gestalten und fielen nieder vor dem Thron auf ihr Angesicht und beteten Gott an und sprachen: Amen, Lob und Ehre und Weisheit und Dank und Preis und Kraft und Stärke sei unserem Gott von Ewigkeit zu Ewigkeit! Amen. Und einer der Ältesten fing an und sprach zu mir: Wer sind diese, die mit weißen Kleidern angetan sind, und woher sind sie gekommen? Und ich sprach zu ihm: Mein Herr du weißt es. Und er sprach zu mir: Diese sind's, die gekommen sind aus der großen Trübsal und haben ihre Kleider hell gemacht im Blut des Lammes. Darum sind sie vor dem Thron Gottes und dienen ihm Tag und Nacht in seinem Tempel; und der auf dem Thron sitzt, wird über ihnen wohnen. Sie werden nicht mehr hungern noch dürsten; Es wird auch nicht auf ihnen lasten die Sonne oder irgendeine Hitze; denn das Lamm mitten auf dem Thron wird sie weiden und sie leiten zu den Quellen des lebendigen Wassers und Gott wird abwischen alle Tränen von ihren Augen. "

Es ist nicht die vollendete Gemeinde der 1. Auferstehung, die Johannes hier erblickt. Gesagt ist, dass sie aus der großen Trübsal gekommen sind. Es bedeutet auch, dass zumindest viele von ihnen ihren Jesusglauben mit dem Leben bezahlen mussten, denn in Offenbarung 20,4 wird ihre Situation als Märtyrer geschildert. Näheres auch zur Rolle dieser im Tausendjährigen Reich, siehe **Punkt 9.1.1** „Die große Schar der Märtyrer aus allen Völkern." Im Lobpreis betet auch diese Schar nun Gott an und sie haben das Vorrecht ihm vor seinem Thron zu dienen. Und alle im Himmel nehmen Anteil daran.

7. Die Vorgänge vor dem zweiten Kommen Jesu Christi

7.1 Die Vorbereitung der Schlacht von Harmagedon durch die dämonischen Heere Satans

In dem Kapitel 6 der Offenbarung geht es um sieben Siegelgerichte und in den Kapiteln 8 bis 11 um die sieben Posaunengerichte. Sie alle stellen Weckrufe Gottes gegen eine sich ihm mehr und mehr entfremdende und sich gegen ihn auflehnende Menschheit dar. Gott will erreichen, dass die Menschen aufwachen und umkehren. Aber die meisten tun - abgesehen von solchen, die umkehren und zum Glauben kommen - nicht Buße, auch bis zu den Gerichten des sechsten Posaunengerichtes nicht. So gewährt Gott, weil die Menschen sich ihm hartnäckig entziehen, einer Vielzahl von Dämonen freien Lauf. So wie Gott dies - wegen Israels Sünde durch den babylonischen Herrscher Nebukadnezar - ebenfalls geschehen ließ. Bis zu diesem Zeitpunkt hatte Gott die große Masse der Dämonen unter Verschluss gehalten. Nun darf Satan mit seinem unübersehbar großen Heer tätig werden, wie aus dem nachfolgenden Text von Offenbarung 9,13-21 (Luther 84) hervorgeht:

„Und der sechste Engel blies seine Posaune; und ich hörte eine Stimme aus den vier Ecken des goldenen Altars vor Gott; die sprach zu dem sechsten Engel, der die Posaune hatte:
Lass los die vier Engel, die gebunden sind an dem großen Strom Euphrat. Und es wurden losgelassen die vier Engel, die bereit waren für die Stunde und den Tag und den Monat und das Jahr, zu töten den dritten Teil der Menschheit.
Und die Zahl der Truppen des Reiterheeres (war) zwei Myriaden von Myriaden" (der letzte Satz entspricht dem griechischen Originaltext).
„Und so sah ich in dieser Erscheinung die Rosse und die darauf saßen: Sie hatten feuerrote, blaue und schwefelgelbe Panzer und die Häupter der Rosse waren wie Häupter von Löwen und aus ihren Mäulern kam Feuer, Rauch und Schwefel. Von diesen drei Plagen wurden getötet der dritte Teil der Menschen, von dem Feuer und Rauch und Schwefel, der aus ihren Mäulern kam.
Denn die Kraft der Rosse war in ihrem Maul und in ihren Schwänzen, denn ihre Schwänze waren Schlangen gleich und hatten Häupter und mit denen taten sie Schaden.
Und die übrigen Leute, die nicht getötet wurden von diesen Plagen, bekehrten sich doch nicht von den Werken ihrer Hände, dass sie nicht mehr anbeteten die bösen Geister und die goldenen, silbernen, ehernen, steinernen und hölzernen Götzen, die weder sehen noch hören noch gehen können und sie bekehrten sich auch nicht von ihren Morden, ihrer Zauberei, ihre Unzucht und ihrer Dieberei."

Der Euphrat bildet die äußere Grenze des alten Römischen Reiches. Vier dämonische Engel und ihre Scharen werden losgebunden. Die Stimme sagt - nach dem Ende der sechs Schalengerichte - dem sechsten Engel: *„Lass los die vier Engel, die gebunden sind"*, wobei es dämonische Engel sein müssen, weil es keine Engel Gottes gibt, die gebunden sind. Entfesselt wird ein unfassbar großes Heer, denn der Plural Myriaden steht für eine unzählbare Menge. Ein menschliches Soldatenheer dieser Größenordnung ist nicht vorstellbar. So dürfte es sich um ein gewaltiges Arsenal von Dämonen und nicht menschlichen Soldaten handeln. Der Befehl kommt vom goldenen Altar (gemäß Offenbarung 9,13). In seinem Buch „Wie sieht die Zukunft der Menschheit aus?" vermittelt Erich Schnepel eine Deutung zu der Vision des Johannes und äußert sich dazu wie folgt:
„Bei den dort genannten Reitern handelt es sich um Geisterpersönlichkeiten, die einen derartigen geistigen Einfluss auf Menschen ausüben, dass diese für eine jegliche Korrektur

ihrer falschen und verwerflichen Lebensweise immun werden.

Dies äußert sich in der Glut ihres Hasses auf alles Göttliche (feurige Panzer), dämonische Mordlust (dunkelrote Panzer) und in einer entarteten Gesinnung und Gedankenwelt (schwefelgelbe Panzer).

Viele Menschen geraten in Abhängigkeit dieser dämonischen Einflüsse, wodurch sie heranreifen, um das Heer des Antichristus zu bilden. So wird im Kapitel 9 beschrieben, dass am hervorstechendsten bei den Pferden der Kopf ist, nur ein gewaltiges Maul, aus dem eine Perversion des Denkens, Ideologien, Weltanschauungen entsteigen, die eine katastrophale, selbstzerstörerische Wirkung auf große Menschenmassen ausüben. „Feuer" lässt sich als feindlichen, ja tödlichen Hass gegen Gott und Jesus Christus und seine Gemeinde deuten. „Rauch" bedeutet Verdunkelung. Die Orientierung geht durch die „Nebelkerzen" verloren. Was hat noch Bestand in dieser Welt, wo gibt es noch (geistige) Werte, die kein „Verfallsdatum" haben?

In dem Buch von Richard Dawkins „Der Gotteswahn" (2015) schlägt der Autor vor, dass nur noch der sich ständig ändernde „Zeitgeist" bzw. „Mainstream" als sittlich moralische Norm dienen soll. Abgesehen davon, was unter Zeitgeist genau zu verstehen ist, wären dann die Folgen für das menschliche Zusammenleben auf Dauer verheerend.

Der Schwefelqualm könnte schließlich ein Symbol für eine vergiftete Atmosphäre in den zwischenmenschlichen Beziehungen sein. Wem kann man noch trauen?

In der sogenannten westlichen „aufgeklärten" angeblich naturwissenschaftlich geprägten Welt beobachtet man einen stark zunehmenden Hang zum Individualismus, Okkultismus und sogenannten alternativen (Religions)-Wegen. Es gibt eine Flucht in einen Sexismus, übermäßigen Alkoholgenuss, in Drogen (aller Art), in Erscheinungen, die auch im römischen Reich in gewissen Gesellschaftsschichten zu finden waren, eben zu der Zeit als die Offenbarung des Johannes niedergeschrieben wurde. "

Schnepel formuliert weiter, was mit dem großen Sterben vieler Menschen, nach seiner Auffassung im Bild ausgedrückt wird:

*„Immer größere Massen der **Menschen sterben innerlich**. Sie werden stumpf für alles Leben aus Gott. Ein Drittel der Menschheit fällt diesem dämonischen Angriff zum Opfer. Sie werden geistlich stumpf, unempfänglich für die Botschaft von Christus, **die Armee der geistig Erstorbenen wird immer größer**. Der Antichristus findet in ihnen seine willenlosen Werkzeuge. Obwohl für die übrigen Menschen sehr deutlich zu sehen ist, wie unglücklich alle die werden, die von den dämonischen Ideen überwältigt wurden, können sie sich doch nicht entschließen fest auf die Seite Gottes zu treten. "* [37]

Auch Fritz Grünzweig kommt zu der gleichen Einschätzung, im EDITION BIBELKOMMENTAR Offenbarung Teil 1 formuliert er dazu:

„Es handelt sich hier vor allem um einen geistigen Vorgang. Diese Menschen sind in einem solchen Maß von Geistern erobert, besetzt, ruiniert, verwüstet, dass sie für Leben aus Gott nicht mehr empfänglich sind. Doch unser Herr kann Tote, auch geistlich Tote, auferwecken!" [38]

Angesichts der Fülle dieser bußunfähigen Erscheinungen der Menschheit setzt Gott seine Gerichtsschläge fort, die nun noch schwerer werden. Dazu der betreffende Bibeltext von Offenbarung 15 bis 16,11 (Luthertext 84):

„Danach sah ich: Es wurde aufgetan der Tempel, die Stiftshütte im Himmel, und aus dem Tempel kamen die sieben Engel, die die sieben Plagen hatten, angetan mit reinem, hellem Leinen und gegürtet um die Brust mit goldenen Gürteln. Eine der vier Gestalten gab den sieben Engeln sieben goldene Schalen voll vom Zorn Gottes, der da lebt von Ewigkeit zu Ewigkeit.

Und der Tempel wurde voll Rauch von der Herrlichkeit Gottes und von seiner Kraft; und niemand konnte in den Tempel gehen, bis die sieben Plagen der sieben Engel vollendet waren. Und ich hörte eine große Stimme aus dem Tempel, die sprach zu den sieben Engeln: Geht hin und gießt aus die sieben Schalen des Zornes Gottes auf die Erde!"

In der weiteren Folge vollziehen sich nun die ersten fünf Gerichte. Und als wären Satan diese Gerichte der willkommene Anlass, bereitet er die Welt - nach seinem Plan - in einem letzten Schritt auf den Höhepunkt aller Entwicklung des Bösen vor. Dies ist die Schlacht von Harmagedon. Darauf konzentriert Satan jetzt sein ganzes Bemühen. Wir befinden uns inzwischen beim sechsten Schalengericht. Nach dem folgenden Text von Offenbarung 16,12-16 aktiviert er zu diesem Zeitpunkt - **mit seinem großen Ziel, die Schlacht von Harmagedon vor Augen** - noch einmal seine ganzen Kräfte:

*„Und der sechste Engel goss seine Schale auf den großen **Strom Euphrat**; und **sein Wasser trocknete aus**, damit der Weg bereitet würde den Königen vom Aufgang der Sonne. Und ich sah aus dem Rachen des Drachen und aus dem Rachen des Tieres und aus dem Munde des falschen Propheten drei unreine Geister kommen ... . Es sind die Geister von Teufeln, die tun Zeichen **und gehen** aus zu den Königen der ganzen Welt, sie zu versammeln zum Kampf am großen Tag Gottes des Allmächtigen. Siehe, ich komme wie ein Dieb. Selig ist, der da wacht. Und er versammelte sie an einem Ort, der heißt hebräisch Harmagedon."*

Wieder geht alles Dämonische vom Strom des Euphrat aus, der selbst nun vertrocknet. Im Internet fand ich unter www.spiegel.de weltall vom 30.08.2021 betitelt: „Wann ist der Euphrat ausgetrocknet?". Dazu folgende Notiz :

„Messungen der NASA Satelliten „Grace" hatten ergeben, dass die Wasservorkommen im Euphrat Tigris-Becken in den letzten Jahren 2003-2009 stärker zurückging als in fast jeder anderen Region der Welt."

In einem Bericht von weather.comumweltnews mit der Überschrift „Persischer Golf verwandelt den Irak in eine Wüste", heißt es:

„Der anhaltende Mangel an Süßwasser und das Salzwasser, das eindringt, machen die Böden unfruchtbar. Der Irak verfügt nicht über sauberes Trinkwasser. Versalzene Böden treiben immer mehr Bauern in den Ruin. Dem „Land zwischen den Flüssen" mangelt es an Süßwasser. Stromaufwärts gelegene Staudämme in der Türkei, in Syrien und im Iran trocknen die Flüsse und ihre Nebenarme aus. Zugleich gehen die Niederschläge zurück und die Infrastruktur verfällt. Salzwasser macht die Felder unfruchtbar. Der steigende Salzgehalt verwandelt Nährböden in Wüsten. Nur noch ein Drittel der Anbaufläche kann bewirtschaftet werden."

Sind dies schon die Vorboten der Endzeit, die uns in der Bibel auch vorausgesagt werden?
Es kommt zu einem letzten gewaltigen Aufbäumen gegen Gott durch den Antichristen und seinen Anhang, wie Fritz Grünzweig dies formuliert. Dies, wie schon gesagt, zu dem Zweck eine Entscheidungsschlacht herbeizuführen und diese an einem Ort auszutragen, der im Text Harmagedon genannt wird.
Fritz Grünzweig sagt in seinem Kommentar zur Offenbarung weiter, dass dieser Fluss einst der Grenzstrom zwischen Rom und den Völkern des Ostens war. Andere Ausleger betonen, dass Roms Machteinfluss dort ein Ende fand und sprechen sogar von einer Kulturgrenze.
Grünzweig sagt weiter dazu:

„Es ist eine machtvolle - und zugleich ohnmächtige - Demonstration gegen das Gottsein Gottes; die Welt will ihn endlich ganz abschütteln. >>Wir wollen nicht, dass dieser über uns herrsche<<

(Lukas 19,14)" und sagt auch, dass diese Aussage ein Slogan der sowjetischen atheistischen Propaganda war. Hier wird deutlich, durch welche weitere Art des Aufbäumens gegen Gott und Jesus Christus es zu diesem Aufmarsch kommt.

Die Frösche stellen Teufelsgeister dar, ähnlich denen, die bei der Plage in Ägypten (2. Mose 7,26-8,11), die Zeichen tun. Sie *„gehen aus zu den Königen der ganzen Welt, sie zu versammeln zum Kampf am großen Tag Gottes des Allmächtigen"*. Dabei haben sie es besonders auf die Führenden abgesehen, um sie zu bestimmen und dazu zu bewegen, dass sie sich schließlich versammeln. [39]

Adolf Pohl äußert sich in seinem Kommentar zur Offenbarung dahingehend:

„Gott hebt diese Sicherung seiner Schöpfung auf und gibt die Erde den Dämonen preis, so dass es zu einer regelrechten Dämonenüberflutung kommt, weil Gottes Langmut aufgebraucht war. Sie kommen verführerisch zu den Repräsentanten der politischen Macht und gewinnen sie für ihren Plan eines Feldzuges: sie zu versammeln zum Kriege des großen Tages Gottes, des Allgewaltigen bei Harmagedon."

Nach Offenbarung 16,17ff. (Luther 84) goss der siebente Engel seine Schale in die Luft aus;

„und es da kam eine große Stimme aus dem Tempel vom Thron, sie sprach: Es ist geschehen! Und Babylon der großen, wurde gedacht von Gott, dass ihr gegeben werde der Kelch mit dem Wein seines grimmigen Zorns." [40]

Das Geschick dieser Stadt ist das Thema des nächsten Punkts.

7.2 Die Hure Babylon und ihr Untergang

Dieses Ereignis wird detailliert in Offenbarung 17 und 18 geschildert. Der Apostel Johannes vergleicht die Hure Babylon mit einer untreuen Frau, die bekleidet war mit Purpur und Scharlach und geschmückt mit Gold und Edelsteinen und Perlen und hatte einen goldenen Becher in der Hand, voll von Gräuel und Unreinheit ihrer Hurerei (Offenbarung 17,4). Somit ist sie auf der Seite des Antichristen das Gegenstück zur Brautgemeinde Jesu.

Adolf Pohl schreibt in der Wuppertaler Studienbibel:

„Das Bild der Hure Babel tritt jetzt weitgehend zugunsten der großen Kaufmannsstadt Babel zurück. Als Hure war sie Gegenstück zum himmlischen Weib oder der himmlischen Braut, als der Stadt ist sie das Gegenbild zum himmlischen Jerusalem. Beide Bilder stehen für Babel schon im A T nebeneinander.

An dieser Stelle geht nun die geographische Vorstellung von Babel völlig in die Brüche. Schon früh wurde Babel auf das päpstliche Rom gedeutet, dann auch allgemein auf jede verweltlichte Kirche, die von ihrem „Mann", nämlich dem lebendigen Gott abgefallen ist und mit dem Staate „hurt". Dann gibt sie sich bald anspruchsvoll, habgierig, üppig, sittenlos, kriegerisch und diplomatisch. Sie vermischt geistliche und staatliche Aufgaben und Mittel.

An ihren Vertretern sucht man vergeblich die Lammesnachfolge von Offenbarung 14,14, dagegen verfolgt sie brutal die wahren Jünger Jesu und macht mehr als die Kaiser im heidnischen Rom, „trunken vom Blut der Heiligen und vom Blut der Zeugen Jesu" [41]

Offenbarung 17,6:

„Und ich sah die Frau, betrunken vom Blut der Heiligen und vom Blut der Zeugen Jesu. und ich wunderte mich sehr, als ich sie sah."

Rene Pasche schreibt, dass die Hure nicht die Präsenz einer einzelnen untreuen Kirche sein, sondern, dass sie die Zusammenfassung aller falschen religiösen Systeme darstellen wird.

Er sagt weiter, dass zu allen Zeiten die Ausleger in Offenbarung 17 vor allem einen Hinweis auf die katholische Kirche gesehen haben, deren Mittelpunkt Rom ist. Da ausdrücklich diese Stadt in der Offenbarung angesprochen ist, wird angenommen, dass es sich um die römisch-katholische Kirche an der Spitze ihrer Gefolgschaft als Weltreligion handelt, deren Untergang durch den Antichristen und seine Schergen herbeigeführt wird. [42]

So scheint gemäß Offenbarung 17,5 das große Babylon in Rom die Mutter der Hurerei und aller Gräuel auf Erden zu sein. Dies vermittelt ein Bild für die gesamte von Gott abgefallene religiöse Welt, die als Weltreligion unter der Regie des falschen Propheten dem Antichristen zu Diensten sein und sich diesem zu seinen Zwecken ausliefern wird.

Aber es kommt der Zeitpunkt, wo dieser Übermensch die Hilfe der Hure Weltreligion nicht mehr bedarf, weil er sich längst selbst als Gott sieht und deshalb sein Bild anbeten lässt. So heißt es in Offenbarung 18,3 und 10 (Luther 84) zu diesem Treiben:

„Denn von dem Zorneswein ihrer Hurerei haben alle Völker getrunken und die Könige auf Erden haben mit ihr Hurerei getrieben, und die Kaufleute auf Erden sind reich geworden von ihrer großen Üppigkeit. Sie werden fernab stehen aus Furcht vor ihrer Qual und sprechen: Weh, weh, du große Stadt Babylon, du starke, in einer Stunde ist dein Gericht gekommen."

In der Wuppertaler Studienbibel sagt Adolf Pohl:

„Und es werden weinen und heulen die Könige auf der Erde. Es sind die zehn Könige von Offenbarung 17,16, die selbst zu Gerichtswerkzeugen für Babel geworden waren. Wie wenig sie dabei selbständig gehandelt hatten, zeigt jetzt der Ausbruch ihrer Klage, wo Babel als Rauchsäule vor ihnen steht" [43]

Auf welche Art und Weise dies aber geschehen wird und ob genau wie beschriebenen, entzieht sich unserer Erkenntnis.

7.3 Die Sammlung der Auserwählten

Bei Jesu zweitem Kommen auf diese Erde werden auch die gesammelt - die z. B. während der Trübsalzeit am Leben geblieben und zum Glauben an Jesus gekommen sind.

Matthäus 24,31 (Luther 84):

„Und er wird seine Engel senden mit hellen Posaunen und sie werden seine Auserwählten sammeln von den vier Winden, von einem Ende des Himmels bis zum anderen."

Grundsätzlich geht es um diejenigen, die auch zur vollendeten Gemeinde Jesu gehören werden. Wenn allerdings die Entrückung direkt im Zusammenhang mit der Wiederkunft Jesu geschehen sollte, würden bei diesem Vorgang wohl die Auserwählten aller Gruppierungen gesammelt. Dies würden gleichzeitig auch die Gläubigen des A. T betreffen, die auferweckt werden sollen. Wenn die Entrückung aber vor dem zweiten Kommen Jesu stattfände, würden von dieser Sammlung nur die während der Trübsalzeit noch zum Glauben gekommenen betroffen sein. Die Heiligen des Alten Testaments könnten, wie gesagt, ebenfalls schon an der Entrückung teilgenommen haben und dabei bereits zu ihrem Erbteil im Himmel auferstanden sein, denn in Dan 12,13 (Luther 84) heißt es dazu:

„Du aber, Daniel, geh hin, bis das Ende kommt, und ruhe, bist du auferstehst zu deinem Erbteil am Ende der Tage."

Mit dem „am Ende der Tage" ist die Zeitspanne gemeint, während der - an einem noch unbestimmten Tag-Jesu Wiederkunft stattfinden wird. Für Daniel wird sich dann seine Auferstehung ereignen, die vor oder am Tag von Jesu Kommen geschieht. Auch für die anderen

Gläubigen geschieht an diesem Tage ihre Auferstehung (siehe **Punkt 2.2**). Das heißt, es handelt sich um Ereignisse, die nicht erst am Jüngsten Tage eintreten, sondern sich mindestens 1000 Jahre vorher abspielen. Der Tag seines Kommens wird der „Tag des Herrn" genannt, weil Jesus Christus jetzt als Herrscher wiederkommt (siehe **Punkt 8.1**) und außerdem zum Völkergericht an den Heidenvölkern (siehe **Punkt 8.3**). Gleichzeitig ist es der Zeitpunkt, an dem spätestens die Zeit der Heiden zu Ende gegangen ist und Gott - im Tausendjährigen Reich - jetzt das Geschick seines Volkes Israel wenden wird (siehe **Punkt 8.2**).

7.4 Das Hochzeitsmahl des Lammes

Die Bestimmung des genauen Zeitpunktes dafür ist nicht möglich. Vermutet wird, dass dieses Fest für die vollendete Gemeinde Jesu als seine „Braut", unmittelbar vor dem zweiten Kommen Jesu stattfindet. Dies weil Jesu mit seinen Heiligen zusammen wiederkommt. Näheres zu diesem Ereignis in Offenbarung 19, 7-9 (Luther 84):

„Lasst uns freuen und fröhlich sein und ihm Ehre geben; denn die Hochzeit des Lammes ist gekommen, und seine Braut hat sich bereitet. Und es wurde ihr gegeben sich anzutun mit schönem reinem Leinen. Das Leinen aber ist die Gerechtigkeit der Heiligen. Und er sprach zu mir: Schreibe: Selig sind die zum Mahl der Hochzeit des Lammes berufen sind."

Als unwahrscheinlich erscheint, dass die Entrückung, die Sammlung der Auserwählten, die Hochzeit und Jesu zweites Kommen gleichzeitig stattfinden werden.

7.5 Die Schlacht von Harmagedon, das Ende des Antichristen und des falschen Propheten

Offenbarung 16,16 benennt den Ort der Versammlung zur Schlacht Harmagedon. Geographisch könnte dies ein Ort sein, wie schon in **Punkt 5.1** beschrieben, der in Palästina am Rande der Ebene Jesreel, am Fuße des Karmel liegt. Jesreel oder der Berg von Megiddo ist das Gebiet, das Josua seinerzeit eroberte (Josua 12,21 und 17,11).

Diese Ebene ist 35 km lang und im Osten 25 km breit. Sie stellt schon von alters her das berühmteste Schlachtfeld von Palästina dar.

Bevor der Herr Jesus kommt geschieht, dass sich die versammelten Heere zur Schlacht in Richtung Jerusalem nach dort aufmachen. Was auf dem Wege dahin über sie (aber auch Juda und die Stadt Jerusalem) hereinbricht, schildert der Prophet Sacharja detailliert in den Kapiteln 12-14.

In Sacharja 12,2-3 (Elberfelder, revidierte Fassung 1989) steht wie folgt, was als erstes geschieht:

„Siehe ich mache Jerusalem zu einer Taumelschale für alle Völker ringsumher. Und über Juda: es wird in Bedrängnis geraten zusammen mit Jerusalem. **Und es wird geschehen an jenem Tag***, da mache ich Jerusalem zu einem Stemmstein für alle Völker: alle, die ihn hochstemmen wollen, werden sich wund reißen. Und alle Nationen der Erde werden sich gegen es versammeln.*

Das kleine Israel wäre ihnen hoffnungslos ausgeliefert, wenn nicht geschehen würde, was dazu Sacharja 12,4-8 (Elberfelder) weiter zum Ausdruck bringt:

An jenem Tag spricht der Herr, schlage ich alle Pferde mit Scheuwerden und ihre Reiter mit Wahnsinn. Über das Haus Juda aber halte ich meine Augen offen, während ich alle Pferde der Völker mit Blindheit schlage. Und die Fürsten von Juda werden in ihrem Herzen sagen: Die Bewohner von Jerusalem (sollen) Stärke (nur) in dem Herrn der Heerscharen, ihrem Gott haben.

60

An jenem Tag mache ich die Fürsten von Juda zu einem Feuerbecher unter Holzstücken und einer Feuerfackel unter Garben gleich; und sie werden zur Rechten und zur Linken alle Völker ringsum verzehren. Und immer noch wird Jerusalem an seiner Stätte bleiben in Jerusalem.

Die Israeli hatten in den vielen Jahren davor, in denen sie stets von vielen Feinden umgeben waren, gelernt sich zu wehren.

Der Herr wird die Zelte Judas zuerst retten, damit der Stolz des Hauses David und der Stolz der Bewohner von Jerusalem gegenüber Juda nicht zu groß werde. An jenem Tag wird der Herr die Bewohner von Jerusalem beschirmen; und der Stürzende unter ihnen wird an jenem Tag wie David sein und das Haus David wie Gott, wie der Engel des Herrn vor ihnen her. "

Zuerst also bleiben die Juden im Land Israel am Leben und werden dann zusammen mit Bewohnern Jerusalems gerettet. Im Text steht aber nicht, dass alle gerettet werden. Dazu ist folgendes anzumerken:

Bevor der Herr Jesus Christus diesem allen ein Ende macht, wird sich dies vorher abspielen, wobei vieles davon rätselhaft bleibt. In Sacharja 13,8 (Elberfelder) steht aber, das ist dabei ziemlich heftig zugeht und dabei in Juda und Jerusalem viele auf der Strecke bleiben:

„Und es wird im ganzen Land geschehen spricht der Herr, zwei Teile davon werden ausgerottet, verscheiden und (nur) der dritte Teil davon bleibt übrig.

Bei diesem Drittel wird es sich um den Rest handeln, der nach Jesu Wiederkunft zum Glauben an ihn findet und lebend ins Tausendjährige Reich gelangt (näheres siehe **Punkt 8.2** „Israel findet zu Jesus."

Wie aus Sacharja 14,7 (Elberfelder) außerdem noch hervorgeht *„wird es einen Tag lang - er ist dem Herrn bekannt - weder Tag noch Nacht werden; Und es wird geschehen, zur Zeit des Abends, da wird Licht werden".*

Es handelt sich bei diesem Tag um den Tag des Herrn. In den Kapiteln von Sacharja 12-14 wird also von jenem Tag als einem einzigen gesprochen und nicht von jenen Tagen als einer Reihe von vielen. Bei den geschilderten Ereignissen wird 17-mal auf den einen Tag Bezug genommen. Selbst wenn sich dies, wie es als höchstwahrscheinlich erscheint, nicht an einem einzigen Tag abspielt, würde sich an dem im Text geschilderten Ablauf der Ereignisse nichts ändern.

Was weiter geschieht, hängt nun mit der Wiederkunft des Herrn Jesus zusammen.

In Sacharja 12,9 (Luther 84) sagte der Herr:

„Und zu der Zeit werde ich darauf bedacht sein alle Heiden zu vertilgen, die gegen Jerusalem gezogen sind. "

Dies geschieht gemäß nachstehendem Text von Offenbarung 19,11-16 (Luther 84):

„Und ich sah den Himmel aufgetan; und siehe. ein weißes Pferd. Und der darauf saß hieß: Treu und Wahrhaftig, und er richtet und kämpft mit Gerechtigkeit. Und ihm folgte das Heer des Himmels auf weißen Pferden, angetan mit weißem, reinem Leinen. Und aus seinem Munde ging ein scharfes Schwert, dass er damit die Völker schlage; und er wird regieren mit eisernem Stabe; und er tritt die Kelter, voll vom Wein des grimmigen Zornes Gottes des Allmächtigen. "

Auf dem Fuße folgt das Ende des Tieres und des falschen Propheten nach Offenbarung 19,17-21 (Luther 84):

Und ich sah einen Engel in der Sonne stehen und er rief mit großer Stimme allen Vögeln zu, die hoch am Himmel fliegen: Kommt, versammelt euch zum dem großen Mal Gottes und esst das Fleisch der Könige und der Hauptleute und das Fleisch der Starken und der Pferde und derer, die darauf sitzen und das Fleisch aller Freien und Sklaven, der Kleinen und Großen.

Und ich sah das Tier und die Könige auf Erden und ihre Heere versammelt, Krieg zu führen mit dem, der auf dem Pferde saß, und mit seinem Heer.

Und das Tier wurde ergriffen und mit ihm der falsche Prophet, der vor seinen Augen die Zeichen getan hatte, durch welchen er verführte, die das Zeichen des Tieres angenommen und das Bild des Tieres angebetet hatten. Lebendig wurden diese beiden in den feurigen Pfuhl geworfen, der mit Schwefel brannte.

Und die anderen wurden erschlagen mit dem Schwert, das aus dem Munde dessen ging, der auf dem Pferd saß. Und die Vögel wurden satt von ihrem Fleisch."

Das ist das Ende des Antichristen und des falschen Propheten. „Der feurige Pfuhl" oder genauer übersetzt mit „Feuersee", findet man im gesamten NT nur an dieser Stelle.

7.6 Die Fesselung Satans für tausend Jahre

Auch Satan selbst wird nun unmittelbar betroffen sein. Offenbarung 20, 1-3 (Luther 84) befasst sich mit diesem Geschehen um ihn:

„Und ich sah einen Engel vom Himmel herabfahren, der hatte den Schlüssel zum Abgrund und eine große Kette in der Hand. Und er ergriff den Drachen, die alte Schlange, das ist der Teufel und der Satan und fesselte ihn für tausend Jahre, und warf ihn in den Abgrund und verschloss ihn und setzte ein Siegel obendrauf, damit er die Völker nicht mehr verführen sollte, bis vollendet würden die Tausend Jahre. Danach muss er wieder losgelassen werden eine kleine Zeit."

Dies geschieht aber erst nach der Vollendung der 1000 Jahre, wobei es unverständlich ist, dass es dann wieder Unmengen an Menschen geben wird, die bereit sind, mit ihm nochmals in eine Schlacht gegen Jesus Christus und seine Heiligen ins Feld zu ziehen.

8. Die Vorgänge beim zweiten Kommen Jesu Christi

8.1 Das zweite Kommen des Menschensohns

Der Herr Jesus Christus kommt mit seinen Engeln und zugleich mit den Heiligen (Matthäus 16,27 und 2. Thessalonicher 1,6-8). Das sind die nach ihrer Entrückung Auferstandenen der vollendeten Gemeinde Jesu und auch die alttestamentlichen Heiligen.

Nachstehend einige Bibelstellen mit den Informationen über dieses Ereignis:

Judas 14-15 (Interlinearübersetzung):

„Geweissagt hat aber auch von diesem der siebte von Adam an, Henoch sagend. Siehe, gekommen ist der Herr mit seinen heiligen Myriaden, zu machen Gericht gegen alle und zu bestrafen jede Seele für alle Werke ihrer Gottlosigkeit, die sie gottlos verübt haben, und für alle starrsinnigen Worte, die sie geredet haben gegen ihn als gottlose Sünder."

Die weiteren Textstellen, die das Geschehen beleuchten, sind im Folgenden genannt:

2. Thessalonicher 1,6-8 (Luther 84):

„Denn es ist gerecht bei Gott, mit Bedrängnis zu vergelten denen, die euch bedrängen, euch aber, die ihr Bedrängnis leidet, Ruhe zu geben mit uns, wenn der Herr Jesus sich offenbaren wird vom Himmel her mit den Engeln seiner Macht."

Matthias 24,30 (Luther 84):

„Und dann wird erscheinen das Zeichen des Menschensohns am Himmel. Und dann werden wehklagen alle Geschlechter auf Erden, und werden sehen den Menschensohn kommen auf den Wolken des Himmels mit großer Kraft und Herrlichkeit".

Lukas 21,27 (Luther 84):

„Und alsdann werden sie sehen den Menschensohn kommen in einer Wolke mit großer Kraft und Herrlichkeit."

Gemäß Offenbarung 1,7 (Interlinearübersetzung) wird sein Kommen wahrgenommen werden von allen lebenden Menschen:

„Siehe, er kommt mit den Wolken, und sehen wird ihn jedes Auge und die, welche ihn durchbohrt haben, und an die Brust werden sich schlagen alle Stämme der Erde. Ja, Amen."

Letzteres erlebt der Rest des Volkes Israel nach Aussage von Sacharja. Für diese aber kommt er nicht zum Gericht, denn sie werden zu Jesus aufblicken und ihn als ihren Herrn annehmen (dazu siehe nächster **Punkt 8.2** „Israel findet zu Jesus"). Und alles vollzieht sich also schließlich auf dem Ölberg in Jerusalem, für alle Menschen, die zu diesem Zeitpunkt auf der Erde leben werden, gemäß Sacharja 14,4-7 (Elberfelder):

„Und seine Füße werden an jenem Tag auf dem Ölberg stehen, der vor Jerusalem nach Osten hin liegt; und der Ölberg wird sich von seiner Mitte aus nach Osten und nach Westen spalten, zu einem sehr großen Tal und die eine Hälfte des Berges wird nach Norden und die andere nach Süden weichen. Und ihr werdet fliehen, wie ihr vor dem Erdbeben geflohen seid in den Tagen Usijas des Königs von Juda. Da wird dann kommen der Herr mein Gott und alle Heiligen mit ihm. Zu der Zeit wird weder Kälte noch Frost noch Eis sein. Und es wird geschehen an jenem Tag, da wird kein Licht sein, die prächtigen Gestirne ziehen sich zusammen. Dann wird es an einem Tag lang - er ist dem Herrn bekannt - weder Tag noch Nacht werden; und es wird geschehen, zur Zeit des Abends, da wird Licht werden."

Nach Wikipedia ist der Ölberg in Jerusalem eine Erhebung nordöstlich des Tempelberges und der Jerusalemer Altstadt. Die Hügelkette erreicht eine Höhe von 827 m; der eigentliche Ölberg mit der südlichen Himmelfahrtskuppe ist 809 m hoch und liegt damit 120 m über dem Kidrontal und etwa 65 m über dem Tempelberg. Im Neuen Testament wird der Ölberg zwölfmal erwähnt, zweimal in Sacharja 14,4.

8.2 Israel findet zu Jesus

Zu allen Zeiten wurde vom Volk Israel zwar das Kommen des Messias herbeigesehnt, als er aber kam, verwarfen sie ihn und ließen ihn töten. Jesaja sah in einer Vision, was Jesus dabei durchzumachen hatte. Er beschrieb dessen Leiden und Sterben ca. 700 Jahre vorher im Text von Jesaja 53,3-9. Nachstehend dieser Text nach Luther 84, der in erschreckender Weise dokumentiert, worin sich die Prophetie buchstäblich erfüllt hat:

„Er war der Allerverachtetste und Unwerteste, voller Schmerzen und Krankheit. Er war so verachtet, dass man das Angesicht vor ihm verbarg; darum haben wir ihn für nichts geachtet. Fürwahr, er trug unsere Krankheit und lud auf sich unsere Schmerzen. Wir aber hielten ihn für den, der geplagt und von Gott geschlagen und gemartert wäre. Aber er ist um unserer Missetat Willen verwundet und unserer Sünde willen zerschlagen. Die Strafe liegt auf ihm, auf dass wir Frieden hätten, und durch seine Wunden sind wir geheilt. Wir gingen alle in die Irre wie Schafe, ein jeder sah auf seinen Weg. Aber der Herr warf unser aller Sünde auf ihn. Als er gemartert ward, litt er doch willig und tat seinen Mund nicht auf wie ein Lamm, das zur Schlachtbank geführt wird und wie ein Schaf, das verstummt vor seinem Scherer, tat er seinen Mund nicht auf. Er ist aus Angst und Gericht hinweggenommen. Wer kann sein Geschick ermessen? Denn er ist aus dem Lande der Lebendigen weggerissen, da er für die Missetat meines Volks geplagt war. Und man gab ihm sein Grab bei Gottlosen und bei Übeltätern, als er gestorben war, wiewohl er niemand Unrecht getan hat und kein Betrug in seinem Munde gewesen ist."

Das alles musste Jesus erleiden, nur weil er sich als Gottes Sohn bezeichnet hatte. Vor allem deshalb ließ man ihn wegen Gotteslästerung töten. Dies, obwohl sie hätten wissen können, dass er als Gottes Sohn im A T bezeugt ist, was aus den folgenden Bibelstellen deutlich hervorgeht: Beispielsweise wird - sein Geburtsort betreffend - in Matthäus 2,4-5 (Luther 84) berichtet, dass die Hohepriester und Schriftgelehrten von König Herodes befragt wurden *„wo Christus geboren werden sollte, und sie sagten ihm: >>In Bethlehem in Judäa; denn so steht geschrieben durch den Propheten."*

In Micha 5,1 (Luther 84) heißt es dazu:
Und du, Bethlehem Efrata, die du klein bist unter den Städten in Juda, aus dir soll mir der kommen, der in Israel Herr sei, dessen Ausgang von Anfang und von Ewigkeit her gewesen ist<<.

Auch in Psalm 2,1-3 und 7-9 (Luther 84) wird das Zeugnis Gottes über seinen Sohn bekundet:
„Warum toben die Heiden und murren die Völker so vergeblich? Die Könige der Erde lehnen sich auf und die Herren halten Rat miteinander wider den Herrn und seinen Gesalbten". Und Jesus selbst antwortet: *>>Lasset uns zerreißen ihre Bande und von uns werfen ihre Stricke!<< Kundtun will ich den Ratschluss des Herrn. Er hat zu mir gesagt: Du bist mein Sohn, heute habe ich dich gezeugt. Bitte mich, so will ich dir die Völker zum Erbe geben und der Welt Enden zum Eigentum. Du sollst sie mit eisernem Zepter zerschlagen, wie Töpfe sollst du sie zerschmeißen".*

Im Psalm 45,7-8 (Interlinearübersetzung) bezeugt Gott Vater die Göttlichkeit seines Sohnes:
„Dein Thron, Gott, steht ewig und ewig, den Stab der Geradheit ist der Stab deines Königtums. Du liebtest Recht und du hassest Unrecht. Deshalb salbte dich Gott, dein Gott mit Öl der Freude.

Hier wird der Gesalbte Gott genannt.

In Psalm 110,1 und 4 Luther 84) sieht David Jesu Erhöhung voraus und zu welcher Ehre er nach seiner Auferstehung durch Gott Vater gelangt:
„Der Herr sagt zu meinem Herrn >>setze dich zu meiner Rechten, bis ich dir deine Feinde

zum Schemel deiner Füße mache. Der Herr hat geschworen und es wird ihn nicht gereuen:
Du bist ein Priester ewiglich nach der Weise Melchisedeks<<. "

In Psalm 118,22-24 (Luther 84) gewährt der Geist Gottes dem Psalmisten den Blick auf Jesu Verwerfung nach seinem ersten Kommen und gleichzeitig auf seine Bedeutung in der Zukunft bezogen auf den „Tag des Herrn", auf den Tag seiner Wiederkunft:

„Der Stein, den die Bauleute verworfen haben, ist zum Eckstein geworden. Das ist vom Herrn geschehen und ist ein Wunder vor unseren Augen. Dies ist der Tag, den der Herr macht, wir wollen uns freuen und fröhlich an ihm sein. "

Zwar haben die Juden ihren Irrtum - trotz dieses Informationsspektrums -bis heute nicht eingesehen, aber Gott hat sie dennoch nicht verlassen. Obwohl Jesaja ihre schwere Verfehlung in Kapitel 53 bitter beklagte, kommt er schon im Text von Jesaja 54,7 (Luther 84) darauf zu sprechen, auf welche Weise Gott seinem Volk, nachdem er es in alle Welt verstoßen hatte, seine Gnade und Hilfe verheißt:

„Ich habe dich einen kleinen Augenblick verlassen; aber mit großer Barmherzigkeit will ich dich sammeln. "

Diese Sammlung findet gerade statt! Nach ca. 2000 Jahren in der Fremde finden sich die Juden aus aller Welt in großen Scharen wieder im Gelobten Land ein. Und diese Sammlung ist noch nicht zu Ende. Durch den Krieg, den Putin führt, verlassen z. B. viele Juden auch die Ukraine und siedeln nach Israel um. In Bezug auf das Weitere nochmals der Text von Jesaja 54,8-10 (Luther 84):

„Ich habe mein Gesicht im Augenblick des Zorns ein wenig vor dir verborgen; aber mit ewiger Gnade will ich mich über dich erbarmen, sagt der Herr, dein Erlöser. Denn das soll mir sein wie die Wasser Noahs, als ich schwor, dass die Wasser Noahs nicht mehr die Erde überfluten sollen. So habe ich geschworen, dass ich nicht mehr über dich zürnen will und dich nicht mehr schelten werde. Denn es sollen wohl Berge weichen und Hügel wanken; aber meine Gnade soll nicht von dir weichen und der Bund meines Friedens soll nicht wanken, sagt der Herr, dein Erbarmer. "

An dem „*Tag, den der Herr macht*", an dem Jesus dann ein zweites Mal (sichtbar für alle Welt) kommt, wird sich etwas Entscheidendes für die Juden zutragen. Ein Rest von ihnen wird nach der Schlacht von Harmagedon am Leben bleiben. In Sacharia 13,8-9 (Luther 84) wird dieser Rest wie folgt beziffert:

„Und es soll geschehen in dem ganzen Lande, spricht der Herr, dass zwei Teile darin sollen ausgerottete werden sollen untergehen und nur der dritte Teil soll darin übrigbleiben. Und ich will den dritten Teil durchs Feuer gehen lassen und läutern, wie man Silber läutert und ihn prüfen, wie man Gold prüft. Die werden meinen Namen anrufen und ich will sie erhören. Ich will sagen: Es ist mein Volk; und sie werden sagen: Herr, mein Gott. "

Vom Text her ist die Aussage darin eindeutig, dass mit dem Drittel nicht nur das heutige Volk Israel in Jerusalems, sondern das des ganzen Landes gemeint ist.

Dabei wird durch die Gnade Gottes endlich die Decke von ihren Augen gezogen. Welche Wandlung sich dabei an ihnen vollzieht, geht nun aus dem Text von Sacharja 12,9-10 (Elberfelder) hervor:

„Und es wird geschehen an jenem Tag, da trachte ich danach alle Nationen zu vernichten, die gegen Jerusalem herankommen.
Aber über das Haus Davids und über die Bewohnerschaft von Jerusalem gieße ich den Geist der Gnade und des Flehens aus, und sie werden auf mich blicken, den sie durchbohrt haben, und werden über ihn wehklagen, wie man über den einzigen Sohn wehklagt, und werden bitter über ihn weinen, wie man bitter über den Erstgeborenen weint. An jenem Tag wird die

Wehklage in Jerusalem groß sein wie die Wehklage von Hadad-Rimmon in der Ebene von Megiddo. Und Wehklagen wird das Land Sippe um Sippe für sich, die Sippe des Hauses David für sich und ihre Frauen für sich, die Sippe des Hauses Nathan für sich und ihre Frauen für sich, die Sippe des Hauses Levi für sich und ihre Frauen für sich, die Sippe der Schimiter für sich und ihre Frauen für sich, alle übrigen Sippen, Sippe um Sippel für sich und ihre Frauen für sich. "*

Der Geist der Gnade, der Heilige Geist ist es also, der den Juden die Erkenntnis ihres Versagens aufgehen lässt. Und das Volk Israel gesteht das getane Unrecht gegenüber dem Sohn Gottes ein. Sie klagen darüber bitterlich, weinen und sind betrübt. Die Erlösung wird also durch den Heiligen Geist bewirkt, der die Juden zur Reue und zum Glauben an Christus als ihrem Messias führt. Dabei wird der Geist der Gnade und des Gebets auf das ganze Volk ausgeschüttet, so dass keiner davon ausgenommen sein wird. Sie werden vom Völkergericht (siehe auch nächster Punkt) verschont bleiben, schließlich als Überlebende der Schlacht von Harmagedon ins Tausendjährigen Reich gelangen und dort endlich zusammen mit den anderen Stämmen Israels der Aufgabe nachkommen, für die sie schon bei Jesu erstem Kommen von Gott vorgesehen waren.

8.3 Das Völkergericht an den Heidenvölkern

Zu unterscheiden ist das Völkergericht (Matthäus 25,31-46), das sich bei Jesu zweitem Kommen zuträgt, von dem Jüngsten Gericht vor dem „Großen weißen Thron" (Offenbarung 20,11-15), das sich erst am Ende des Tausendjährigen Reiches ereignet. Bei dem Völkergericht geht es um ein die ganze Heidenwelt betreffende Begebenheit nach der Schlacht von Harmagedon. Sitzend auf dem Richterstuhl wird der Herr Jesus die Heidenvölker richten, um die von ihm auserwählten Gerechten unter ihnen (die Schafe) - wegen ihrer Barmherzigkeit - zu belohnen (siehe auch **Punkt 9.1.4** „Die Gerechten aus den Heidenvölkern"). Dies gilt, aber in anderer Weise, auch für den zum Glauben an Jesus gekommenen Rest des Volkes Israels (siehe auch **Punkt 9.1.2** „Das Volk Israel an der Spitze der Völker").

Nach der Gesamtanschauung des Johannes ist es auch die sieghafte Gemeinde, die richten wird, denn in Bezug auf diese steht in 1. Korinther 6,2 (Luther 84):
„Wisst ihr nicht, dass die Heiligen die Welt richten werden?"
Zum Gericht über die Heidenvölker äußert sich Rene Pasche:
„Das wird die ernste Stunde sein, da auf dem Acker der Welt endlich der Weizen vom Unkraut geschieden wird. Die Gemeinde scheint zusammen mit Christus (wahrscheinlich vom Himmel aus) die Völker zu richten. Matthäus erwähnt nur den Menschensohn auf dem Richterstuhl. Aber die Richter (in der Mehrzahl), die Johannes auf den Stühlen sieht (Offenbarung 20,4), können nicht die Engel sein, sondern nur die schon auferstandenen und verklärten Gläubigen, da es in 1. Korinther 6,2-3 heißt, dass die Heiligen die Welt und sogar die Engel richten werden. Zudem werden sie dieses Richteramt während der tausend Jahre weiter ausüben. Diese Säuberungsaktion wird sich nach den Werken richten. Die vom Herrn Auserwählten werden in Fleisch und Blut auf der Erde weiterleben und die Untertanen seines Reiches sein."

Wo sich die Gemeinde der Heiligen während des Millenniums aufhalten wird, dazu schreibt Rene Pasche, dass man zwar aus der Schrift einige Schlüsse ziehen kann, **dass man sich** aber dabei davor hüten sollte, von Gott nicht klar Enthülltes **selbst erdenken zu wollen**.
Die Gemeinde ist zu diesem Zeitpunkt aber schon im Himmel. Weil sie hinfort nicht sterben können, sind sie als Gottes Kinder den Engeln gleich (Lukas 20,35-36) und sagt auch dazu weiter:
„Schon heute üben die Engel, deren Wohnort der Himmel ist, einen ausgedehnten Dienst auf der Erde aus. Da wir ihnen gleich sein werden, verstehen wir einigermaßen, wie wir von der Herrlichkeit aus an der Herrschaft auf Erden teilnehmen können." [44]
In dem Text von Offenbarung 2,26-27 sagt Jesus zu den Gläubigen der Gemeinde in Thyatira, dass er demjenigen, der überwindet und seine Werke bis ans Ende hält, Macht geben will, die Heiden mit eisernen Stabe zu weiden. Da dies erst nach seiner Wiederkunft geschehen kann, dürfte es sich bei den Heiden nur um vom Völkergericht an den Heidenvölkern noch Übriggebliebene im Tausendjährigen Reich handeln (siehe auch Punkt 9.1.5 „Die Rolle übrigbleibender Heidenvölker"). Es geht aus dem Text aber nicht eindeutig hervor, ob die Heiligen ihre Tätigkeit vom Himmel aus oder auf der Erde lebend ausüben werden.
Eindeutig auf der Erde lebend geschieht dies durch die Märtyrer nach Offenbarung 20,4b (siehe auch **Punkt 9.1.1** „Die große Schar der Märtyrer aus allen Völkern).
Nun Näheres zum Gericht an den überlebenden Gerechten und Ungerechten aus den Heidenvölkern gemäß Matthäus 25,31-40 (Luther 84):
„Wenn aber der Menschen Sohn kommen wird in seiner Herrlichkeit und alle Engel mit ihm, dann wird er sitzen auf dem Thron seiner Herrlichkeit; und alle Völker werden vor ihm

versammelt werden. Und er wird sie voneinander scheiden, wie ein Hirt die **Schafe** *von den* **Böcken** *scheidet, und wird die Schafe zu seiner Rechten stellen und die Böcke zu seiner Linken. Dann wird der König sagen zu denen zu seiner Rechten: Kommt her, ihr gesegneten meines Vaters, ererbt das Reich, das euch bereitet ist von Anbeginn der Welt.*

Denn ich bin hungrig gewesen und ihr habt mir zu essen gegeben. Ich bin durstig gewesen und ihr habt mir zu trinken gegeben. Ich bin ein Fremder gewesen, und ihr habt mich aufgenommen. Ich bin nackt gewesen, und ihr habt mich gekleidet. Ich bin krank gewesen und ihr habt mich besucht. Ich bin im Gefängnis gewesen, und ihr seid zu mir gekommen. Dann werden ihm die Gerechten antworten und sagen:

Herr, wann haben wir dich hungrig gesehen und dir zu essen gegeben? Oder durstig und haben dir zu trinken gegeben? Wann haben wir dich als Fremden gesehen und haben dich aufgenommen? Oder nackt und haben dich gekleidet? Wann haben wir dich krank oder im Gefängnis gesehen und sind zu dir gekommen? Und der König wird antworten und zu ihnen sagen: Wahrlich, ich sage euch: Was ihr getan habt an einem von meinen geringsten Brüdern, das habt ihr an mir getan.

Die Situation, in der sich die „Schafe" befinden werden, lässt sich im Hinblick auf die Trübsalzeit wie folgt beschreiben:

Aus Offenbarung 13,15-17 wissen wir, dass diejenigen damit rechnen müssen, verfolgt und sogar getötet zu werden, die die Anordnungen des Antichristen nicht akzeptieren. Und die vor allem nicht bereit sind, das Bild des Tieres anzubeten. Aussichtslos ist auch die Lage für die, die trotz Verfolgung noch am Leben bleiben werden, von denen aber niemand etwas kaufen oder verkaufen kann, der nicht das Zeichen des Tieres haben wird.

Vom Dritten Reich wissen wir, wozu Diktatoren fähig sind und was an den Juden durch die Schergen Adolf Hitlers vollzogen wurde und was auch mit denen geschah, die bereit waren ihnen zu helfen.

In der großen Drangsalzeit wird es Menschen geben, die bedingungslos bereit sind zu helfen. Sie werden das eigene Leben riskieren und dabei sich selbst und unter Umständen sogar die eigene Familie in Mitleidenschaft ziehen. Jesus spricht sie für ihre Barmherzigkeit gerecht.

Fortsetzung von Matthäus 25,41-46 (Luther 84):

„Dann wird er auch sagen zu denen zur Linken: Geht weg von mir ihr Verfluchten, in das ewige Feuer, das bereitet ist dem Teufel und seinen Engeln! Denn ich bin hungrig gewesen, und ihr habt mir nichts zu essen gegeben. Ich bin durstig gewesen, und ihr habt mir nichts zu trinken gegeben. Ich bin ein Fremder gewesen, und ihr habt mich nicht aufgenommen. Ich bin nackt gewesen, und ihr habt mich nicht bekleidet. Ich bin krank und im Gefängnis gewesen, und ihr habt mich nicht besucht.

Dann werden sie ihm auch antworten und sagen: Herr, wann haben wir dich hungrig und durstig gesehen oder als Fremden oder nackt oder krank oder im Gefängnis und haben dir nicht gedient? Dann wird er ihnen antworten und sagen:

Wahrlich, ich sage euch: Was ihr nicht getan habt an einem von diesen Geringsten, das habt ihr mir auch nicht getan. Und sie werden hingehen: diese zur ewigen Strafe, aber die Gerechten in das ewige Leben. "

Zusammenfassend kann festgestellt werden:

Betroffen vom Gericht sind also alle Heidenvölker, die das Inferno der Trübsalzeit und die Schlacht des Antichristen überlebt haben. Im Rahmen dieses Gerichts unterscheidet Jesus

Christus die Beteiligten voneinander, wie ein Hirt die **Schafe** von den **Böcken** scheidet. Er stellt dabei die Schafe zu seiner Rechten, und die Böcke zu seiner Linken.

Die Schafe sind die Gerechten unter den Heiden, die barmherzig waren. Darunter fallen, wie zuvor bereits geschildert, solche Hilfeleistungen, ohne die die Aufrechterhaltung des Lebens für viele nicht möglich sein wird. Deshalb werden die Barmherzigen nicht gerichtet, sondern von Jesus belohnt werden.

Die Böcke sind die Ungerechten, die die dringend erforderliche Hilfeleistung entweder unterlassen oder sogar verweigert und wohl noch ganz andere üble Dinge getan haben. Diese werden gerichtet und hingehen zur ewigen Strafe, die schon den Antichristen und den falschen Propheten ereilt hat.

Fritz Rienecker sagt in der Wuppertaler Studienbibel, dass aber **bei den Schafen** tatsächlich mit keinem Wort in der Bibel erwähnt wird, die Liebeswerke seien im Namen Jesu getan worden. Und weil diesen „Gerechten" dennoch der Himmel versprochen ist (Verse 34 und 46), so könnte man die Frage aufwerfen:

„*Können Menschen selig werden allein durch die Werke? Können Menschen selig werden ohne Glauben an den Herrn Jesus Christus, ohne von ihm je gehört zu haben? Könnte man nicht sogar die Frage so formulieren, dass soziale Tätigkeit, natürliche allgemeine Menschenliebe, Nächstenliebe zur Seligkeit genügt?*"

Im griechischen Grundtext der Interlinearübersetzung ist allerdings in Vers 34 nicht vom Himmel die Rede, den sie ererben würden, sondern vom Reich, womit das Tausendjährige Reich gemeint sein könnte. Schwierig zu beurteilen ist dabei, was das „*hingehen (der) Gerechten ins ewige Leben*" bedeutet, denn das setzt ja neben allem gerechten Tun eigentlich auch den Glauben an Jesus voraus, den sie ja nicht hatten.

Deshalb formuliert Rienecker, dass es allerschwierigste Fragen sind, die sich hier stellen:

„*Und wir werden den Sinn des Wortes vom Völkergericht nicht bis ins letzte lösen können. Unsere Gedanken werden darum nur vorläufige Antworten sein. Der Hauptgedanke dieser Worte Jesu vom Völkergericht wird der sein, dass der Menschensohn einem jeden vergelten wird nach seinem Handeln und Wandeln. So ist es auch schon gesagt in Matthäus 16,27*" (Interlinearübersetzung) wo geschrieben steht:

„*Denn (es) wird der Sohn des Menschen kommen in der Herrlichkeit seines Vaters mit seinen Engeln, und dann wird er jedem vergelten nach seinem Handeln.*"

Rienecker sagt weiter über die Gerechten:

„*Dieser Gerichtsgrundsatz gilt sowohl für den Christus-Nachfolger als auch für den Heiden, der die Schrift noch nicht kennt.*" Und „*ist es nicht eine große, übermächtige Gnade des Herrn, wenn er auf diese innere Haltung des Herzens blickt und sie sieht und anerkennt, dass er dafür sogar mit dem Königreich der Himmel dankt.*" [45]

Gerhard Maier, wobei er auch auf Matthäus 10,40ff. hinweist, wo Jesus denjenigen Lohn eines Gerechten und Rettung verspricht, die seinen verfolgten Jüngern Gutes tun. Denn in Matthäus 25,37 fragen sie: „*Herr, und wann haben wir dich hungrig gesehen und dir zu essen gegeben?*" Das besagt wiederum, dass sie wirklich nicht wussten, für wen sie es taten. So bleibt auch für ihn nur übrig, dabei an Nichtchristen zu denken und formuliert weiter:

„*Soweit greift also Gottes Barmherzigkeit hinaus, dass sie um Jesu willen nicht nur diejenigen rettet, die ein Glied an seinem Leibe geworden sind, sondern auch diejenigen, die einem Glied seines Leibes Gutes getan haben.*" [46]

So wie dies in Matthäus 5,7 (Luther 84) heißt:
„Selig sind die Barmherzigen, denn sie werden Barmherzigkeit erlangen."
Auch für mich ist unzweifelhaft, dass es sich bei den Schafen tatsächlich um Nichtchristen gehandelt hat. Sie gehören als Übriggebliebene aber schlussendlich zu denen, von denen man annehmen kann, dass sie jetzt zu Jesus gehören. Sie sind aber dadurch wahrscheinlich nicht Teil der vollendeten Gemeinde Jesu, weil sie allein durch „Sehen" zum Glauben gefunden haben. Problematisch ist, dass die Menschen im Tausendjährigen Reich leider nicht ohne Sünde bleiben, wie besonders Jesaja dies beschreibt.
Die Frage ist:
Wer sind dann diejenigen, die sich an Gott noch versündigen?
Außer den nach dem Weltgericht aus den Heidenvölkern hervorgegangenen Gerechten werden aber gemäß **Punkt 9.1.5** „Die Rolle übrigbleibender Heidenvölker" noch andere Heiden unbeschadet weiterleben. Von der Bibel her haben wir keine deutliche Antwort, um wen es sich dabei eigentlich handelt, nur darüber, dass es sie gibt. Wie die Bibel dies beschreibt, sind, obwohl Satan keine Rolle mehr spielt, wie schon gesagt, die Menschen auch im Tausendjährigen Reich - wegen ihres Eigensinns - nicht ohne Sünde.
Noch eine Frage taucht auf:
Was aber geschieht mit den Gerechten, die wegen ihrer Barmherzigkeit nicht am Leben geblieben sind? Werden möglicherweise auch diese zum Leben im Tausendjährigen Reich erweckt werden? Auch auf diese Frage erhält man von der Bibel keine Antwort.

Zusammenfassend kann nochmals gesagt werden:
Die Juden hatten Jesus als den Messias nicht angenommen, oder wie Petrus in Apg. 3,14+17 (Luther 84) feststellt, *„ihr habt den Heiligen verleugnet. Nun, Brüder, ich weiß, ihr habt aus Unwissenheit gehandelt, wie auch eure Oberen".* Sie wurden in alle Welt zerstreut und sollten nach der Verheißung aber wieder zur Rückkehr in ihr Land gesammelt werden. In Zephania 3,20 (Luther 84) sagt Gott zu ihnen:
*„Zur selben Zeit will ich euch heimbringen und euch zur selben Zeit sammeln, **denn ich will euch zu Lob und Ehren bringen unter allen Völkern auf Erden.** "*
Das lag bis zum Jahr 1948 in der Zukunft. Doch zu diesem Zeitpunkt begann sich der erste Teil dieser Prophezeiung zu erfüllen. Nach ca. 2000 Jahren vollzog sich das prophezeite Wunderbare. Der Staat Israel entstand am alten Standort.
Der zweite Teil wird sich - nach der Schlacht von Harmagedon - bei Jesu zweitem Kommen erfüllen. Dann gelangt ein übriggebliebener Rest der Juden endlich zum Glauben an ihn. Diese werden dann im Tausendjährigen Reich - ihrer ursprünglichen Berufung entsprechend - endlich den Völkern das Heil bringen. Denn in Johannes 4,22 ist unmissverständlich zu lesen, dass das *„Heil - aus den Juden <ist> "*, von denen auch Jesus abstammt. Das trifft im Tausendjährigen Reich dann aber auch auf alle anderen zehn Stämme Israels zu. So setzt Gott sein schon vor langer Zeit beschlossenes Vorhaben schließlich und entsprechend seinem Versprechen, in die Tat um. Vom Propheten Jesaja wissen wir, wie dies geschehen wird. Dazu Jesaja 2,3 (Luther 84):
„Und viele Völker werden hingehen und sagen: Kommt lasst uns auf dem Berg des Herrn gehen, zum Hause des Gottes Jakobs, dass er uns lehre seine Wege und wir wandeln auf seinen Steigen! Denn von Zion wird Weisung ausgehen und des Herrn Wort von Jerusalem. "
Dazu mehr in Kapitel 9, wo als nächstes unter **Punkt 9.1** versucht wird diejenigen näher zu beschreiben, die wahrscheinlich zur Bevölkerung im Tausendjährigen Reich gehören werden.

9. Das Tausendjährige Reich

9.1 Wer könnte zur Bevölkerung im Tausendjährigen Reich gehören?

Nach dem Sieg über Satan und seiner völligen Ausschaltung im Gefängnis, haben wir es auf der Erde mit ganz anderen Verhältnissen zu tun. D. h., dass die Menschen gänzlich andere Lebensbedingungen vorfinden. Von besonderer Bedeutung ist dabei, dass wir es mit einem Reich des Frieden zu tun haben, in dem es niemals mehr Kriege geben wird.

In den nachstehenden **Punkten 9.1.1-9.1.5** wird versucht, eine Vorstellung davon zu vermitteln, wer auf der Erde zur Bevölkerung gehören könnte. Zur ersten Gruppe zählen - gemäß den **Punkten 9.1.1 und 9.1.3** - diejenigen, die als Kinder Gottes zur vollendeten Gemeinde Jesu gehören und nach der Maßgabe unseres Herrn auch zum Regieren auf der Erde eingeteilt sind. Als zweite Gruppe kommen - gemäß den **Punkten 1.1.2 und 1.1.4** - zum einen die Gerechten aus den Heidenvölkern und zum anderen die **zum Glauben** an Jesus **gekommenen** Juden zum Zuge. Die dritte Gruppe bilden unter **Punkt 9.1.5** auch Heiden, die durch die Gnade Gottes das Völkergericht unbeschadet überstanden haben. Das Nachstehende ist weitgehend auf der Basis entsprechender biblischer Texte entstanden, ist aber wahrscheinlich trotzdem Stückwerk, da das ganze Ausmaß der prophetischen Aussagen gedanklich nicht erfasst werden kann.

9.1.1 Die große Schar der Märtyrer aus allen Völkern

Zu den zukünftig auf der Erde Lebenden gehört die Gruppe der Märtyrer. Sie werden im Tausendjährigen Reich - wie in Offenbarung 20,4b (Luther 84) beschrieben, wie folgt tätig werden:

„... und ich sah Throne, und sie setzten sich darauf, und ihnen wurde das Gericht übergeben. Und ich sah die Seelen derer die enthauptet waren und um des Zeugnisses von Jesus und um des Wortes Gottes willen, und die nicht angebetet hatten das Tier und sein Bild und die sein Zeichen nicht angenommen hatten an ihre Stirn und auf ihre Hand; diese wurden wieder lebendig und regierten mit Christus 1000 Jahre. "

Sind die Wesen, die sich auf die Throne setzen werden, nur die Märtyrer?

Pohl formuliert nachstehend seine Sichtweise dazu wie folgt:

„Und sie herrschen königlich mit dem Messias tausend Jahre lang. Das Richten gilt als hervorstechende Regierungsfunktion. Das Thronen findet da statt, wo Christus ist. Aber er thront nicht mehr im Verborgenen, sondern ist in die Weltöffentlichkeit eingetreten. Dieses bei Christus ist auch für Paulus wichtig (1. Thessalonicher 4,18; Kolosser 3,4; Philipper 1,23). Ihr Herrschen ist ausdrücklich ein Mitherrschen. Sie sind Glieder eines christozentrischen Herrschaftsverbandes, innerhalb dessen ihnen die Funktion des Priesterlichen zugeteilt ist. So bleiben sie von Ewigkeit zu Ewigkeit Priester des Königs (vgl. auch Offenbarung 22,3-5), ohne selbst König zu sein" [47]

Vom Kontext der Bibel her kann man ableiten, dass auch die vollendete Gemeinde Jesu Anteil an diesem Dienst haben könnte. Dem Text von Offenbarung 22,3-4 z. B. kann entnommen werden, dass *„die Funktion des Priesterlichen"* in der goldenen Stadt auf der neuen Erde, wo sich *„der Thron Gottes und des Lammes"* befindet, deren besondere Aufgabe ist (siehe **Punkt 10.3** „Der neue Himmel und die neue Erde (Offenbarung 21 und 22)".

In welcher Weise die Heiligen auch im Tausendjährigen Reich an dieser Aufgabe beteiligt sind und von wo aus dies durch sie geschehen wird, geht aus dem biblischen Text nicht sicher hervor, und bleibt somit offen, aber gesagt ist, dass sie *„die Welt richten werden"* (Korinther 6,2).

9.1.2 Das Volk Israel an der Spitze der Völker

Nach der Bibel soll in dem ganzen Lande geschehen, dass zwei Teile darin untergehen und nur der dritte Teil soll darin übrigbleiben (Sacharja 13,8). In **Punkt 8.2** „Israel findet zu Jesus" wird beschrieben, wie dieser Rest Israels zu Jesus findet. Nach Römer 11,25-32 wird so die Verstockung aufgehoben, die Israel widerfahren ist.

So wird auch zutreffen, was im Text von Jesaja 4,2-3 geschrieben steht:

„Zu der Zeit wird, was der Herr sprießen lässt, lieb und wert sein und die Frucht des Landes herrlich und schön bei denen, die erhalten bleiben in Israel. Und wer wird übrigsein in Zion und übrigbleiben in Jerusalem, der wird heilig heißen, ein jeder, der aufgeschrieben ist zum Leben in Jerusalem."

Dazu wird sich an ihnen aber durch Gott etwas ganz Entscheidendes vollziehen!

Ihr steinernes Herz wird ersetzt durch ein neues und Gott wird ihnen einen neuen Geist geben. Und Gott will Leute aus ihnen machen, die in seinen Geboten wandeln, seine Rechte halten und danach tun (Hesekiel 36,26-27). Dazu wird er einen neuen Bund mit ihnen schließen, sein Gesetz in ihr Herz geben und in ihren Sinn schreiben (Jeremia 31,31-33). Bei dem Bund wird es sich nicht um einen handeln, wie er gewesen ist und wie er ihn mit ihren Vätern schloss. Keiner wird dann seine Mitbürger lehren oder seinem Bruder sagen: Erkenne den Herrn! Denn es werden alle kennen den Herrn von den Kleinsten an bis zu dem Größten (Hebräer 8,9 und 11).

Jacob Thiessen betont aber, dass sicher nur diejenigen verwandelt und entrückt werden, die bereits vor Jesu zweitem Kommen durch den Glauben an ihn und durch ihre Wiedergeburt zur vollendeten Gemeinde Jesu gehörten. [48]

Das würde bedeuten, dass dies auf den nach der Schlacht von Harmagedon durch „Sehen" zum Glauben gekommenen Rest der Juden zutrifft. Gemäß dieser Gegebenheit würde dieser Rest - auf der neuen Erde - nicht zu den Gläubigen der vollendeten Gemeinde Jesu gehören. Dies ist insofern problematisch, weil es sich bei den 144000 der 12 Stämme Israels, die zu Beginn des Tausendjährigen Reiches mit Christus auf dem Berg Zion stehen, bei 12000 davon um wiedergeborene Juden handelt. Ist denkbar, dass dann der nur durch „Sehen zum Glauben gekommene Rest des Volkes Israel nicht zur vollendeten Gemeinde Jesu gehört?

Die 12 Stämme zusammen werden im Tausendjährigen Reich aber endlich die ihrer ursprünglichen Berufung entsprechende Bestimmung erfüllen, nämlich zur Ehre Gottes des Vaters Christus nachfolgen und ihm zu dienen. Ihre zukünftige Mission und Aufgabe werden in den folgenden Bibeltexten beschrieben:

Jesaja 43,21 (Luther 84):

*„**Das Volk, das ich mir bereitet habe, soll meinen Ruhm verkündigen.**"*

Micha 4,2 (Luther 1984):

*„**Denn von Zion wird Weisung ausgehen** und des Herrn Wort von Jerusalem."*

Jesaja 42,6:

*„**Ich, der Herr**, habe dich gerufen ... und **mache dich zum Bund für das Volk, zum Licht der Heiden.**"*

Dies entspricht **Punkt 9.1.5**, der besagt, dass noch Heiden übriggeblieben sind.

Jesaja 49,3 (Luther 1984):

*„**Du bist mein Knecht, Israel, durch welchen ich mich verherrlichen will.**"*

Jesaja 55,5:

„Siehe, du wirst Heiden rufen, die du nicht kennst und Heiden, die dich nicht kennen, werden zu dir laufen um des Herrn willen, deines Gottes und des Heiligen Israels, der dich herrlich

gemacht hat."

Viele werden dadurch in die Nachfolge Jesu treten, aber andere auch nicht. Es werden solche sein, die Satan nach seiner Freilassung erreichen und am Ende aller Zeiten zu einem letzten Feldzug gegen das heilige Volk bewegen kann. Aber es wird zu keiner Schlacht kommen.

9.1.3 Die Versiegelten aus den zwölf Stämmen Israels

Wie die Versiegelung nach Offb 7,1-8 geschehen wird, wurde bereits unter **Punkt 6.2** „Die Versiegelung der Knechte Gottes" beschrieben. Ihre besondere Stellung, die sie zusammen mit Jesus nach seinem zweiten Kommen einnehmen, geht aus Offb 14,1 (Luther 1984) hervor:

„Und ich sah, und siehe, das Lamm stand auf dem Berg Zion und mit ihm Hundertvierundvierzigtausend, die hatten seinen Namen und den seines Vaters geschrieben auf ihrer Stirn."

Diese Formulierung lässt eigentlich nur zu, dass sie wiedergeborene Christen sind. Dies geht auch aus der Formulierung des Textes von Offenbarung 14,4 (Luther 84) hervor, wo es heißt: Sie *„folgen dem Lamm nach, wohin es geht. Diese sind erkauft aus den Menschen als Erstlinge für Gott und das Lamm".*

Wir erfahren allerdings nichts über die Rolle, die sie möglicherweise spielen werden.

In Hesekiel 47 (**Punkt 9.4** „Das viele wunderbare Wasser aus Jerusalem und die Landverteilung") wird aber beschrieben, dass im Tausendjährigen Reich die Verteilung des Landes an alle 12 Stämme Israels geschehen wird. Dann müssen sie als ganzes Volk Israel wieder zustande kommen. Aber aus der Bibel geht nicht hervor, auf welche Weise dies geschehen wird.

Da sie sich aber auf dem Berg Zion und damit auf der Erde und nicht im Himmel befinden, lässt dies gedanklich zu, dass sie sich im Tausendjährigen Reich - mit dem nach der Schlacht von Harmagedon geretteten jüdischen Überrest der Juden - zu einem Volk vereinen könnten.

Jacob Thiessen vertritt dazu die Meinung, dass sie wahrscheinlich vom Himmel aus auf der Erde agieren könnten und gelangt auch, dies einschränkend, schließlich zu der Feststellung:

„Wir dürfen die letztendliche Antwort Gott überlassen und sollten unsere Bibelauslegung nicht von Fragen bestimmen lassen, auf die uns die Bibel keine eindeutigen Antworten gibt." [49]

9.1.4 Die Gerechten aus den Heidenvölkern

Wie dem **Punkt 8.3** „Das Völkergericht an den Heidenvölkern" zu entnehmen ist, geht es um die Gruppe von Menschen, die Jesus als Gerechte (Schafe) von den Ungerechten (Böcke) scheidet, obwohl auch die Gerechten ihn nicht kannten und ihn deshalb fragten:

Wann haben wir dich aufgenommen?

So fanden sie erst durch Sehen zum Glauben. Deshalb werden sie, wie schon gesagt, zu den überlebenden Völkern des Tausendjährigen Reiches gehören.

Wenn ihnen, gemäß Matthäus 25,46, von Jesus ewiges Leben zugesagt ist, geschieht dies schließlich nach dem Ende der 1000 Jahre. Dann werden sie - auch im Buch des Lebens stehend - als Völker auf der neuen Erde ewiges Leben haben dürfen. Dies setzt aber voraus, dass sie bis an ihr Lebensende bei Jesus bleiben.

9.1.5 Die Rolle übrigbleibender Heidenvölker

Außer den nach dem Weltgericht aus den Heidenvölkern hervorgegangenen Gerechten werden noch andere Heiden unbeschadet übrigbleiben. Unklar ist, um was für Menschen es sich bei diesen handeln könnte. Wörtlich bezeichnet der Text von Sacharja 14,16a (Interlinearübersetzung). diese als *„all das Übriggebliebene von all den Völkern die gekommen* *gegen Jerusalem" sind* Dabei kann es sich nur um Heiden handeln.

Das geht auch eindeutig aus dem Text von Offenbarung 2,26-27 hervor, in dem Jesus darauf hinweist, dass den vollendeten Heiligen z. B. der Gemeinde von Thyatira nach seiner Wiederkunft Macht gegeben wird die Heiden mit eisernem Stabe zu weiden. Da es eine Tätigkeit der vollendeten Gemeinde sein wird, die sich erst nach Jesu Wiederkunft ereignen kann, muss es sich um eine an den Heiden im Tausendjährigen Reich handeln. So wird es sie geben!

Gesagt wird uns nicht nach welchem Maßstab diese Gruppe von Heiden - nach dem Völkergericht an den Heidenvölkern - ins Tausendjährige Reich gelangt. Dem biblischen Text ist nicht zu entnehmen, mit welchen Völkern man es zu tun hat. Zum Ausdruck kommt nur, dass es sie gibt und welche Auflage sie von Gott haben werden.

Dann werden viele von ihnen tun, was in Sacharja 14,16b geschrieben steht, dass sie *„werden jährlich heraufkommen, um anzubeten den König, den Herrn Zebaoth und um das Laubhüttenfest zu halten."*

Oder Jesaja 66,23:

„Und alles Fleisch wird einen Neumond nach dem anderen und einen Sabbat nach dem anderen kommen, um vor mir anzubeten, spricht der Herr."

Aus Sacharja 14, 17-19 (Luther 1984) geht aber auch hervor, dass es solche geben wird, die sich verweigern. Darauf weist der nachfolgende Text ausdrücklich hin:

„Aber über das Geschlecht auf Erden, das nicht heraufziehen wird nach Jerusalem, um anzubeten den König, den Herrn Zebaoth, über das wird's nicht regnen.

Und wenn das Geschlecht der Ägypter nicht heraufzöge und käme, so wird auch über sie die Plage kommen, mit der der Herr alle Heiden schlagen wird, wenn sie nicht heraufkommen, um das Laubhüttenfest zu halten. Darin besteht die Sünde der Ägypter und aller Heiden, dass sie nicht heraufkommen, um das Laubhüttenfest zu halten."

In Jesaja 66,23 (Luther 84) steht:

„Denn wie der neue Himmel und die neue Erde, die ich mache, Bestand haben, spricht der Herr, so soll auch Euer Geschlecht und Name Bestand haben und alles Fleisch wird einen Neumond nach dem Anderen und einen Sabbat nach dem anderen kommen, um vor mir anzubeten, spricht der Herr."

Von den Nationen erwähnt werden also lediglich die Ägypter. Es kann sogar angenommen werden, dass auch von diesen Menschen noch einige - oder sogar viele - zu Jesus finden und dann gemäß **Punkt 10.3** ebenfalls als Gerettete auf der neuen Erde leben werden.

Anderseits sind manche Menschen im Tausendjährigen Reich - aufgrund ihres Eigensinns - nicht ohne Sünde. Dies, obwohl Satan und seine Dämonen zu dieser Zeit nicht existieren. Und nach den 1000 Jahren wird es dem aus seinem Gefängnis entlassenen Widersacher Gottes wieder gelingen, erneut viele Menschen zum Aufruhr gegen Christus zu mobilisieren. Sie werden diesmal nicht nur aus dem Norden, sondern von allen vier Enden der Erde kommen (Offenbarung 20,8). Wie sich zeigt, handelt es sich um einen wesentlichen Unterschied zu dem in Hesekiel 38 und 39 beschriebenen Kriegszug des Gog von Magog. Ein solcher wird es aber, weil sie von Satan verführt wurden, erneut sein. Sie werden sich versammeln und unter seiner Führung zu einer nur geplanten Schlacht ins Land Israel ziehen. Es wird aber zu keiner Schlacht mehr kommen, weil sie vorher auf dem Wege dahin durch Feuer umkommen (näheres dazu siehe **Punkt 10.1** „Der Einfall des Gogs von Magog in das Land Israel und das Ende Satans".

9.2 Die Schöpfung braucht eine Zeit der Erholung

Bezüglich der zukünftigen Existenz des Tausendjährigen Reiches herrscht große Übereinstimmung zwischen dem AT und dem NT. Als in Frage kommender Zeitraum werden die 1000 Jahre sechsmal in Offenbarung 20,1-7 (Luther 84) erwähnt, und zweimal ist die Rede davon, dass Jesus genau während dieser Zeit regieren wird. Auch von daher entspricht die Sichtweise des Amillenniarismus und des Postmillenniarismus (siehe Einleitung), dass es ein solches Reich nicht geben wird, nicht der Aussage der Bibel. Unsere Welt wird nicht im Chaos enden, sondern Jesus Christus wird wiederkommen und sein Friedensreich auf der Erde aufrichten und von Jerusalem aus regieren. In diesem Reich wird das gerettete Volk Israel eine besondere Rolle spielen. In diesem wird es keine kriegerischen Auseinandersetzungen mehr geben. Die unter der derzeitigen Knechtschaft seufzende ganze Schöpfung wird aufatmen. In diesem Sinne geht es bei einer sich erholenden Erde endlich um ein Nebeneinander im Frieden.

9.3 Der Bau der Stadt und des Tempel Gottes auf dem hohen Berge

In Hesekiel 40-48 werden wir mit ganz bestimmten geografischen und baulichen Gegebenheiten im neuen Friedensreich bekannt gemacht. Der Prophet wird dabei als Seher von der Hand des Herrn dorthin geführt und sagt in Hesekiel 40,2-4 (Luther 84):
„In göttlichen Gesichten führte er mich ins Land Israel und stellte mich auf einen sehr hohen Berg; darauf war etwas wie der Bau einer Stadt gegen Süden. Und als er mich dorthin gebracht hatte, siehe da war ein Mann, anzuschauen wie Erz. Und er sprach zu mir: Du Menschenkind sieh her und höre fleißig zu und merke auf alles, was ich dir zeigen will; denn dazu bist du hierhergebracht, dass ich dir dies zeige, damit du alles, was du hier siehst, verkündigst dem Volk Israel."
Auch die Propheten Micha und Jesaja kommen in folgenden Bibelstellen ebenfalls auf diesen hohen Berg zu sprechen, zunächst in Jesaja 2,2-4 (Luther 84):
„Dies ist's, was Jesaja, der Sohn des Amoz, geschaut hat über Juda und Jerusalem: Es wird zur letzten Zeit der Berg, da des Herrn Haus ist, feststehen, höher als alle Berge und über alle Hügel erhaben, und die Heiden werden herzulaufen und viele Völker werden hingehen und sagen: Kommt, lasst uns auf den Berg des Herrn gehen, zum Hause des Gottes Jakobs, dass er uns lehre seine Wege und wir wandeln auf seinen Steigen! Denn von Zion wird Weisung ausgehen und des Herrn Wort von Jerusalem."
Fast den gleichen Wortlaut hat der Text in Micha 4,1-2.
Jesus Christus wird in der Stadt auf dem hohen Berge gegenwärtig sein und von dieser Stelle aus sein Reich regieren. Es kann sich bei dieser Stadt allerdings nicht um die nach Offenbarung 21,2 aus dem Himmel herabgekommene Heilige Stadt handeln, denn diese besitzt keinen Tempel (Offenbarung 21,22) und nicht die Eigenschaften, die im Folgenden beschrieben werden. Denn neben dem Bau der Stadt als Regierungsstätte geht es eben vor allem um den Bau eines Tempels, als dem besonderen Ort der Anbetung Gottes für alle Völker. In Sacharja 14,20-21 (Luther 1984) liest man dazu:
*„Zu der Zeit wird auf den Schellen der Rosse stehen >>Heilig dem Herrn<<: Und die Töpfe im Hause des Herrn werden dem Becken vor dem Altar gleichgestellt sein. Und es werden alle Töpfe in Jerusalem und Juda dem Herrn Zebaoth heilig sein, **so dass alle, die da opfern wollen, kommen werden** und sie nehmen und darin kochen werden Und es wird keinen Händler mehr geben im Hause des Herrn Zebaoth zu der Zeit.*
In Hesekiel 40,5 bis Kapitel 44.31 geht es um Anweisungen für den Bau des Tempels, seine

Einrichtung und den Einzug der Herrlichkeit des Herrn in den Tempel, die Weihe des Altars, die Weisungen für den Dienst im Tempel und die Ordnungen für die Priester. Bei diesem Tempel kann er sich auch nicht um das Heiligtum handeln, in dem sich der Antichrist anbeten lässt (siehe **Punkt 6.1** „Der Bund des Antichristen mit Israel").

In seinem Buch „Erfüllung biblischer Prophetie" sagt auch Jacob Tscharntke, dass der Tempel, der vor der Wiederkunft Christi errichtet wird, nichts mit dem zu tun habe, von dem Hesekiel in den letzten Kapiteln seines Buches schreibt. Wie Tscharntke weiter formuliert, umfasst das heutige Tempelgelände gut 14 Hektar, das sind ca. 144000 m². Das Tempelgelände das Hesekiel sieht, hat dagegen in Länge wie Breite jeweils rund 1550 m. So handelt es sich bei dem neuen Tempelgelände nicht um eine Fläche von 144000 m², sondern um eine von ca. 2,4 Millionen m². Das sind nicht nur 14, sondern 249 Hektar.
Tscharntke:
„Wir dürfen also auf keinen Fall den Tempel, der vor der großen Trübsal errichtet wird und in dem der Antichrist sein Greuel der Verwüstung aufstellen wird, mit dem Tempel des Hesekiel verwechseln." [50]

9.4 Das viele wunderbare Wasser aus Jerusalem und die Landverteilung

Gegenstand der Betrachtungen sind weitere seiner Gesichte, die der Prophet Hesekiel in den Kapiteln 47 bis 48 beschreibt. Als erstes sieht er das Wasser, dass unter der Schwelle des Tempels hervorströmt. Es bildet schließlich einen großen und tiefen Strom an dessen Ufern auf beiden Seiten viele Bäume stehen. Das Wasser fließt in das östliche Gebiet und weiter hinab zum Jordantal und mündet ins Tote Meer, dessen Wasser gesund wird, so dass viele Fische dort leben werden. Gesagt ist auch, dass, wo dieses Wasser hinkommt, alles gesund werden wird. Dort werden Fischer stehen, um zu fischen und zu diesem Zweck ihre Netze aufspannen. Wie im großen Meer wird es dort also viele Fische von aller Art geben. Aber es wird daneben auch Teiche und Lachen geben, die nicht gesund werden, weil man dort noch Salz gewinnen wird.
An den beiden Ufern des Stroms werden allerlei fruchtbare Bäume wachsen, deren Blätter nicht verwelken, denn mit ihren Früchten hat es kein Ende. Die Bäume werden alle Monate neue Früchte tragen, die den Menschen zur Speise dienen und ihre Blätter zur Arznei.
Bei dieser Schilderung kann es nicht um den in Offenbarung 22,1-2 (Luther 84) beschriebenen Strom lebendigen Wassers gehen, weil dieser von keinem Tempel ausgeht. Wie schon gesagt, bedarf die neue Stadt Jerusalem keines Tempels, *„denn der Herr, der allmächtige Gott, ist ihr Tempel, und das Lamm"* (Offenbarung 21,22).
In Sacharja 14,8-17 (Luther 84) beschreibt der Prophet ebenfalls das aus dem Tempel hervorgehende Wasser und die topographische Veränderung des Landes:
„Zu der Zeit werden lebendige Wasser aus Jerusalem fließen, die eine Hälfte zum Meer im Osten und die andere zum Meer im Westen, und so wird es sein im Sommer und im Winter. Und der Herr wird König sein über alle Lande. Und das ganze Land wird verwandelt werden in eine Ebene, von Geba bis nach Rimmon im Süden. Aber Jerusalem wird hoch liegen und an seiner Stätte bleiben, vom Tor Benjamin bis an die Stelle des ersten Tores, bis an das Ecktor, und vom Turm Hanael bis an des Königs Kelter."
Als nächstes berichtet der Prophet Hesekiel über die Grenzen des zukünftigen Landes für das Volk Israel.
Dabei geht es um das Land, das Gott für die zwölf Stämme vorgesehen hat. Das bedeutet aber,

dass es im Tausendjährigen Reich wieder die zwölf Stämme geben wird, obwohl seit 722 v Chr. die zehn Stämme des Nordreichs Israels nicht mehr existieren. Denn, wegen ihres Ungehorsams wurden sie zunächst in die Gefangenschaft nach Assyrien überführt, so dass Gott sie von seinem Angesicht wegtat (2. Könige17,6-7). Von da an gab es nur noch das Südreich mit den Stämmen Juda und Benjamin.

Als Abram sich bereits in Kanaan aufhielt, bekam er von Gott gemäß dem nachfolgenden Text von 1. Mose 15,18 (Luther 84) folgende Zusage:
„Deinen Nachkommen will ich dies Land geben, von dem Strom Ägyptens an bis an den großen Strom Euphrat."
Dazu ist es in diesem Umfang nie gekommen. Im Gegensatz dazu gewährte Gott Mose die Aussicht auf Landbesitz für das Volk Israel im Lande Kanaan nach der Maßgabe von 4. Mose 34,1-12. Im Text von 1. Könige 8,65 wird bezeugt, dass diese Verheißung zu Zeiten Salomos Realität geworden war.

Anlässlich der Einweihung des von Salomo erbauten Tempels versammelte dieser ganz Israel zu einem Fest. Das Gebiet, aus dem sie anreisten, wird *„ von der Grenze Hamats bis zum Bach Ägyptens"* umrissen. Wie sich noch zeigen wird, entspricht dies in etwa dem zugesagten Landbesitz. Wie außerdem noch deutlich werden wird, unterscheidet sich dieser interessanterweise nur ganz unwesentlich von dem in Hesekiel 47,13-20, d. h. dem von Gott für das Volk Israel im Tausendjährigen Reich geweissagten. In beiden Texten stimmen einige wichtige Ortsangaben völlig überein. Manchmal unterscheiden sie sich nur durch andere Ortsbezeichnungen. Beide Textvarianten beinhalten als Landbesitz den ganzen Libanon und sogar auch Teile von Syrien, ebenso das Gebiet des heutigen Israels mit der Ausnahme des Landzipfels unterhalb des Haderwassers von Kadesch-Enon in der Wüste Zin (4. Mose 20,1-11). Als äußerste Südgrenze wird, wie gesagt, auch der Bach Ägyptens erwähnt, der auf der Sinaihalbinsel liegt. Dazu näheres in der Abbildung der Grenzlinie auf der nächsten Seite.
In dieser Grafik ist versucht worden - auf der Basis des hebräischen Textes von Hesekiel 47,13-20 - den zukünftigen Landbesitz des Volkes Israel bildlich gestaltet darzustellen. Dabei wird mit der roten Linie dessen Eingrenzung gekennzeichnet. Sowohl eigene Recherchen als auch eine Ausarbeitung von Hanspeter Obrist ermöglichten die ungefähre Festlegung. Innerhalb dieser Linie geht es also um das Land, das die zwölf Stämme zukünftig besitzen sollen.

Nachfolgend nun Ausführungen zu dem Text von Hesekiel 47,13-20 (Luther 84):
Im Text finden allerdings auch Orte Erwähnung, die in der Abbildung nicht eingezeichnet sind, weil deren genaue Lage nicht bestimmt werden konnte.
Ausgehend vom Mittelmeer führt die Grenze gegen Norden im heutigen nördlichen Libanon über Chetlon bzw. Hetlon nach Zedad, Hamat Berota, Sibrajim, das an Damaskus und Hamat grenzt und Harzar-Enan, das an die Provinz Hauran in Syrien grenzt. Hetlon ist ein Ort an der Nordgrenze des Libanon. Gemäß Hesekiel 47,15 und 48.1 liegt er an der Grenze des Bezirks von Hamat (Bibel- Lexikon). Im Internet wird Zedad als ebenfalls als in Syrien liegend benannt. Hamat ist ein Bezirk und ebenso der Name einer bedeutenden Stadt, die heute den Namen Hamah trägt (Bibel-Lexikon). Dieses Gebiet ist eine Provinz im Südwesten Syriens, die sich bis zur jordanischen Grenze und an die Golan-Höhen erstreckt (Wikipedia). Über die ehemalige Lage des Ortes Harzar (auch Harzar Enan benannt) gibt es den Berichten zu Folge keine Gewissheit. An der nordöstlichen Grenze des verheißenen Landes, d. h. an der Ostgrenze des

Libanon, befindet sich Harzar-Enan (Bibel- Lexikon), so dass Damaskus nördlich davon liegen bleibt, gegen den Landstrich Hamat. Die trifft sowohl auf die vergangene als auch auf die zukünftige Version zu (4. Mosel 34, 9-10, Hesekiel 47,17).

Der weitere Text beschreibt die Ostgrenze - ausgehend von Harzar-Enon über Schefam hinabführend zum See Genezareth dem Jordan, ans Salzmeer nach Tamar, alles im Gebiet des heutigen Israels. Harzar-Enon entspricht wahrscheinlich dem heutigen Kuryetein. Schefam ist ein Ort, der nur im Mosetext vorkommt. Es ist nicht bekannt, wo sich der Ort an der Ostgrenze von Palästina befand (Bibellexikon). Auch das ehemalige Tamar, das am Südende des Salzmeers gelegen haben muss, lässt sich nicht mehr lokalisieren. Es lässt sich aber vermuten,

Abbildung der Grenzlinie [51]

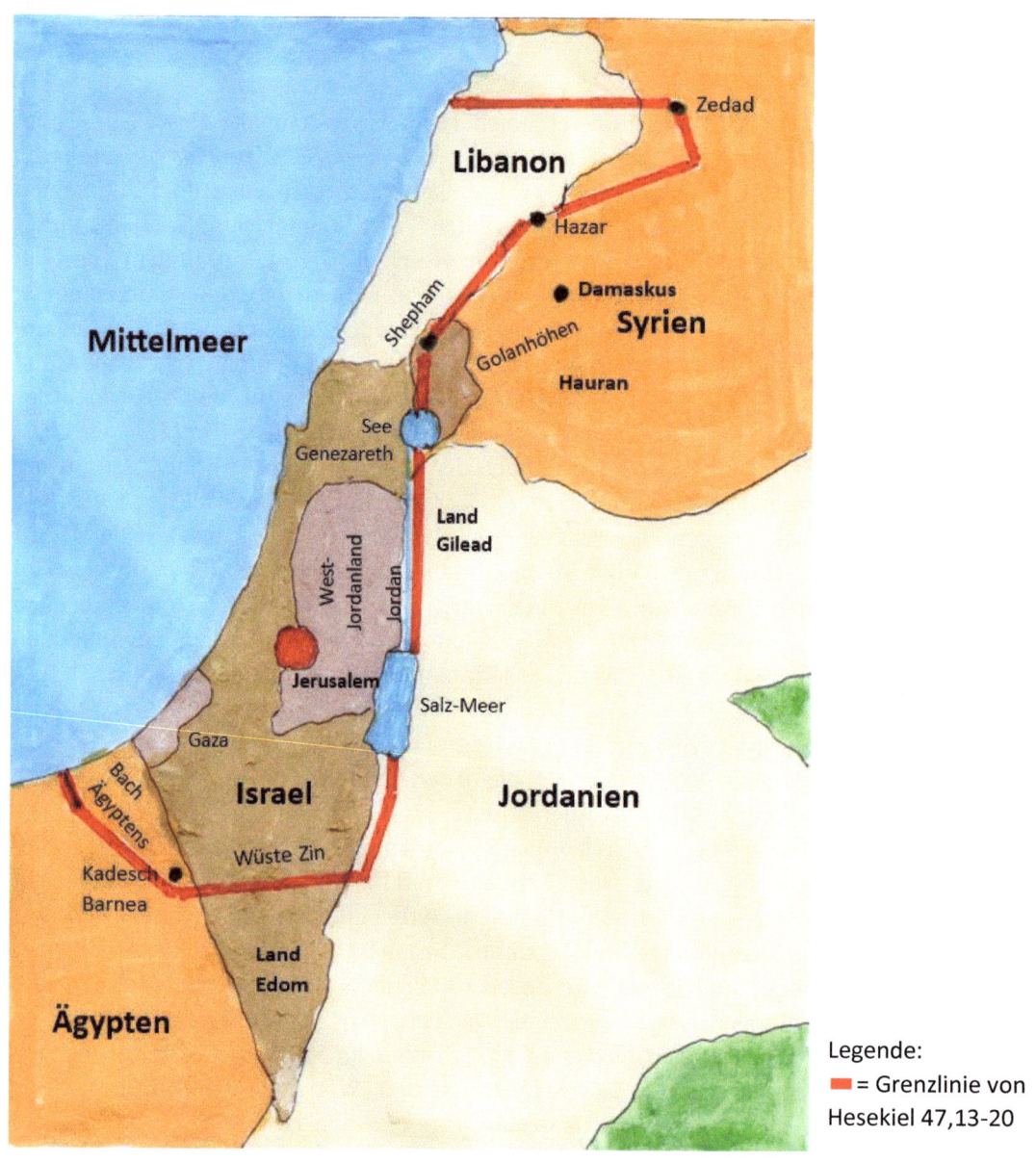

Legende:

██ = Grenzlinie von Hesekiel 47,13-20

dass sich der Ort in der Nähe des Südendes des Toten Meeres befand. Die Grenze verläuft weiter von Tamar nach Süden durch die Wüste Zin nach Kadesch-Barnea und den Bach Ägyptens hinab wieder bis zum Mittelmeer. Kadesch-Barnea ist eine Oase und liegt an der Südgrenze Israels auf der Sinaihalbinsel. Der Bach Ägyptens ist nicht der Nil. Er ist ein Fluss der an der westlichen Grenze von Israel - auf der Sinaihalbinsel - verläuft (Bibelwissenschaft). Schließlich beschreibt der Prophet noch die Verteilung des Landes unter die zwölf Stämme wie folgt:

„Von Norden vom Meer an auf dem Wege nach Hetlon zu nach Hamat und Harzar-Enan, so dass Damaskus nördlich liegen bleibt, gegen Hamat: Das soll Dan als seinen Anteil haben von Osten bis nach Westen" (Hesekiel 48,1).

Im Text heißt es, dass der Stamm Dan seinen Anteil haben soll von Osten bis Westen. Letzteres trifft ebenso auf die Stämme Asser, Naftali, Manasse, Ephraim, Ruben und Juda zu. Südlich von Juda werden das Heiligtum und die Stadt Jerusalem folgen. Dieses Gebiet wird eine riesige quadratische Fläche umschließen. Auf dieser wird der nördliche Teil den Priestern zugestanden, mit dem Tempel in seinem Mittelpunkt. Das Heiligtum soll von den Priestern, den Söhnen Zadok gehören, die nicht mit den Israeliten abgefallen sind, wie die Leviten dies taten. Den Leviten gehört der mittlere Teil, während der südliche, in dessen Zentrum sich die Stadt Jerusalem befindet, auch für das Volk bestimmt ist. Eine zusätzliche Fläche wird - als nicht heilig - für die Stadt zum Wohnen und zur Weidetrifft bestimmt sein. Ein Gebiet entlang des Heiligtums soll dem Unterhalt derer dienen, die in der Stadt arbeiten. Und Arbeiter aus allen Stämmen Israels sollen in der Stadt tätig sein. Eine noch verbleibende übrige Fläche vom Westen nach Osten soll dem Fürsten gehören, bei dem es sich, wie aus zwei Bibelstellen hervorgeht, um David handelt, den Gott erwecken und zum einzigen Hirten über Israel machen wird (Hesekiel 34,23, Jeremia 30,9). Sie sollen unter ihm nicht mehr zwei Völker sein, sondern ein einziges, mit ihm als König (Hesekiel 37,22-24, Hosea 2,2, 3,5).

Weiter südlich vom heiligen Gebiet werden die anderen fünf Stämme mit Benjamin, Simion, Isaschar, Sebulon und Gad, ebenfalls von der Ostgrenze zur Westgrenze ansiedeln. Schließlich wird ausgehend von Gad der Rand der Südgrenze und von Tamar nach Kadesch, dem Ort des Haderwassers und dann entlang dem Bach Ägyptens bis an das Mittelmeer verlaufen.

9.5 Besonderheiten des Tausendjährigen Reiches

Was niemand vorher auf Erden verwirklichen konnte, wird durch die Herrschaft von Jesus Christus in diesem neuen Reich realisiert werden. In den tausend Jahren wird nach Jesaja 2,4 (Luther 84) keinen Krieg mehr geben, wenn es in dem Text heißt:

„Und er wird richten unter den Heiden und zurechtweisen viele Völker. Da werden sie ihre Schwerter zu Pflugscharen und ihre Spieße zu Sicheln machen. Denn es wird kein Volk mehr wieder das andere das Schwert erheben, und sie werden hinfort nicht mehr lernen Krieg zu führen. Kommt nun vom Hause Jakob, lasst uns wandeln im Licht des Herrn."

Wie es in Jesaja 9,5-6 (Luther 84) vorausgesagt, wird dies geschehen durch unseren Herrn Jesus Christus als dem Friedfürsten, wobei von da an überhaupt ewig Frieden sowohl auf der alten und sowieso auf der neuen Erde sein wird, nach den Worten; *„auf dass seine Herrschaft groß werde und des Friedens kein Ende auf dem Thron Davids und in seinem Königreich, dass er's stärke und stütze durch Recht und Gerechtigkeit* **von nun an bis in Ewigkeit.** *Solches wird tun der Eifer des Herrn Zebaoth."*

Die Menschen werden länger leben, wie es der Prophet in Jesaja 65,19-24 (Luther 84) geweissagt hat:

„Man soll in ihm" (Jerusalem) *„nicht hören die Stimme des Weinens noch die Stimme des*

Klagens. Es sollen keine Kinder mehr da sein, die nur einige Tage leben, oder Alte, die ihre Jahre nicht erfüllen. Als Knabe gilt, wer hundert Jahre alt stirbt. Wer hundert Jahre nicht erreicht, gilt als verflucht. Sie werden Häuser bauen und bewohnen, sie werden Weinberge Pflanzen und ihre Früchte essen. Sie sollen nicht bauen, was ein anderer bewohne, und nicht pflanzen, was ein anderer esse. Denn die Tage meines Volkes werden sein wie die Tage eines Baumes, und ihrer Hände Werk werden meine Auserwählten genießen. Sie sollen nicht umsonst arbeiten und Kinder für einen frühen Tod zeugen."

Dann wird den im Tausendjährigen Reich Lebenden ein langes Leben beschieden sein. So erleiden den Tod ausnahmsweise nur solche Menschen, die auf ihren Wegen in der Sünde verharren. Beerdigungen wird es also selten geben. Viele werden wahrscheinlich bis zum Ende dieser ganzen Zeit am Leben bleiben, was bedeutet, dass - wie wohl auch vor der Sintflut - in einer völlig veränderten Umwelt andere klimatische und atmosphärische Lebensverhältnisse herrschen. Außerdem sind diese nach Jesaja 11, 6-9 (Luther 84) fast paradiesischen Charakters, weil man sich nicht mehr gegenseitig umbringt und auffrisst, wenn dort steht:

"Da werden die Wölfe bei den Lämmern wohnen und die Panther bei den Böcken lagern. Ein kleiner Knabe wird Kälber und junge Löwen und Mastvieh miteinander treiben. Kühe und Bären werden zusammen weiden, dass ihre Jungen beieinander liegen, und Löwen werden Stroh fressen wie die Rinder. Und ein Säugling wird spielen am Loch der Otter und ein entwöhntes Kind wird seine Hand stecken in die Höhle der Natter. Man wird nirgends Sünde tun noch freveln auf meinem heiligen Berge; denn das Land wird voller Erkenntnis des Herrn sein, wie Wasser das Meer bedeckt."

Auch topographisch erhält speziell das Land, dass beispielsweise das Volk Israel bewohnen wird, eine grundlegende Veränderung. Zu keiner Zeit hat dieses Volk die ihm von Gott zugesagte Landfläche lange besessen. Die 12 Stämme werden nun endlich wieder die von Gott für sie vorgesehenen Gebiete bewohnen. Man darf also davon ausgehen, dass sie alle das Land endlich so besitzen und bewirtschaften, wie Gott es ihnen versprochen hat. Darüber hinaus werden sie den anderen Völkern ein Segen sein. Die Völker werden jährlich nach Jerusalem heraufziehen, um Gott anzubeten und um das Laubhüttenfest zu halten.

10. Die Vorgänge am Ende der tausend Jahre

10.1 Der Einfall des Gogs von Magog in das Land Israel und das Ende Satans

Wie im vorstehenden Kapitel vorgestellt, gesundete im Tausendjährigen Reich unsere Erde und konnte sich während dieser Zeit in vieler Beziehung wieder erholen und frei von jeglichem Kriegsgeschehen zum Segen für die gesamte Menschheit erblühen. Dann aber geschieht, was der Text von Offenbarung 20,7-10 (Luther 1984) prophezeit wird:

*„Und wenn die 1000 Jahre vollendet sind, wird Satan losgelassen werden aus seinem Gefängnis und wird ausziehen zu verführen die Völker an den vier Enden der Erde, Gog von Magog, um sie zum Kampf zu versammeln; deren Zahl ist wie Sand am Meer. Und sie stiegen herauf und umringten das Heerlager der Heiligen und die geliebte Stadt. **Und es fiel Feuer vom Himmel und verzehrte sie.** Und der Teufel, der sie verführte, wurde geworfen in den Pfuhl von Feuer und Schwefel, wo auch das Tier und der falsche Prophet waren; und sie werden gequält werden Tag und Nacht, von Ewigkeit zu Ewigkeit."*

Wieder ist die *„geliebte Stadt"* Jerusalem *und auch „das Heerlager der Heiligen"* das Ziel des geplanten Angriffs. Nur es kommt gar nicht so weit. Mit *„Feuer vom Himmel"* finden alle Vorbereitungen Satans zur letzten Schlacht ein Ende, noch bevor diese beginnen kann.

Hier haben wir es mit einem wesentlichen Unterschied zu Hesekiel 38-39 zu tun. Auf dem Fuße folgt, wie in Offenbarung 20,11 beschrieben wird, dass - vor dem Angesicht dessen, der auf dem Großen weißen Thron zu Gericht sitzt, die Erde und die Himmel flohen *„und es wurde keine Stätte für sie gefunden"*. Dies bedeutet, dass es keine Reste von einer Schlacht mit dem Gog von Magog gibt (wie dies in Hesekiel 39, 9-12 geschildert wird), weil es eine ist, die zu einem anderen Zeitpunkt geschieht.

Deshalb ist schwer nachzuvollziehen, dass manche Ausleger meinen, dieser Gog von Magog-Krieg sei identisch mit dem in der Prophezeiung vom Hesekieltext. Warum dies nicht der Fall sein kann, geht nun aus dem Folgenden hervor:

Das in Offenbarung 20 beschriebene Geschehen unterscheidet sich sogar gravierend von dem im Hesekieltext. Während die Vernichtung des Gog von Magogs gemäß dem Offenbarungstext ausschließlich durch Feuer geschieht, spielen beim Hesekieltext ein ganz andere Ereignisse eine Rolle. Neben Erdbeben und Pestilenz, Platzregen mit Feuer, Schwefel und Hagel führen also Katastrophen die Vernichtung herbei. Außerdem heißt es, dass sich das Schwert eines jeden gegen den anderen richtet. Das heißt sie bringen sich gegenseitig um.

Ein bedeutsamer Unterschied besteht auch noch darin, dass die Bewohner der Städte Israels **sieben Jahre benötigen**, um die Materialreste zu beseitigen. Die ganze Beschreibung passt nicht zu dem Hesekieltext, so dass sich diese Ereignisse zu einem wesentlich früheren Zeitpunkt zutragen müssen (siehe **Kapitel 5** „Der Gog von Magog-Krieg").

Wie es Satan dennoch erneut gelingen kann, eine Menschenmenge *„deren Zahl ist wie Sand am Meer"* zu mobilisieren, ist rätselhaft. Wenn auch Satan während dieser Zeit keine Macht über die Menschen hatte, so besaßen sie dennoch weiterhin ihren freien Willen, um sich zu widersetzen, um nun die sich bietende Gelegenheit zu einem Umsturz zu nutzen.

10.2 Das Weltgericht vor dem großen weißen Thron (Jüngstes Gericht)

Direkt am Ende der 1000 Jahre vollzieht sich vor dem großen weißen Thron ein letztes Gericht; an den lebenden und verstorbenen Ungerechten. Johannes berichtet in 0ffenbarung 20,11-15

(Luther 84), was er sah:

„Und ich sah einen großen weißen Thron und den, der darauf saß; vor seinem Angesicht flohen die Erde und der Himmel, und es wurde keine Stätte für sie gefunden.
Und ich sah die Toten *groß und klein stehen vor dem Thron und Bücher wurden aufgetan. Und ein anderes Buch wurde aufgetan, welches ist das Buch des Lebens. Und die Toten wurden gerichtet nach dem, was in den Büchern geschrieben steht nach ihren Werken. Und das Meer gab die Toten heraus, die darin waren und der Tod und sein Reich gab die Toten heraus, die darin waren; und sie wurden gerichtet ein jeder nach seinen Werken. Wenn jemand nicht gefunden wurde, geschrieben in dem Buch des Lebens, der wurde geworfen in den feurigen Pfuhl. "*

Joachim Langhammer hat dazu in seinem Buch formuliert:
„Das Gott auch den Verlorenen gegenüber absolut gerecht ist, können wir daran erkennen, dass neben den (anderen) „Büchern" nun auch das Buch des Lebens aufgetan wird. Dieses Buch enthält die Namen aller Menschen, die je geboren wurden (Psalm 139,16). Die Namen derer, die an den Herrn Jesus Christus glauben, bleiben in diesem Buche stehen (Offenbarung 3,5; Lukas 10,20, Philipper 4,3), die Namen derjenigen jedoch, die aufgrund ihres Unglaubens nicht errettet werden konnten, werden aus dem Buch des Lebens getilgt, sie gehen verloren" [52]
Beim Aufschlagen der anderen Bücher werden die Taten derjenigen aufgedeckt, die wegen ihrer Sünde von Gott aus dem Buch des Lebens getilgt wurden, weil dies, wie es in 2. Mose 32,32-33 (Luther 84) geschrieben steht, von ihm so verfügt wurde:
„Vergib ihnen doch ihre Sünde; wenn nicht, dann tilge mich aus deinem Buch, das du geschrieben hast. Der Herr sprach zu Mose: Ich will den aus meinem Buch tilgen, der an mir sündigt. "
Von einer solchen Tilgung geht auch der Psalmist in Psalm 69,29 aus, wenn er Gott bittet:
„Tilge sie aus dem Buch des Lebens, dass sie nicht geschrieben stehen bei den Gerechten. "
Diese verfallen jetzt wegen ihrer Werke dem Gericht Jesu und werden verworfen.
Die Gläubigen, die vor oder bei Jesu Wiederkunft an der Entrückung teilhaben, weil sie zu Jesus gehören, werden nicht gerichtet (Punkt 2.4 „Das Preisgericht").

Der Theologe Fritz Laubach sagt in seinem Buch „Gottes Weg in die neue Welt Ein Gang durch die Offenbarung des Johannes":
„Die Glieder der Gemeinde Jesu, die Gläubigen, die bei der Wiederkunft Jesu vollendet werden, sind von diesem Gericht nicht betroffen (Johannes 5,24). " [53]

Anmerkung:
Dies kommt von daher, weil für diese - siehe **Punkt 2.4** „Das Preisgericht" - schon stattgefunden hat und sie von Jesus bereits in den Himmel aufgenommen wurden.
Auf diejenigen, die erst nach Jesu zweitem Kommen und während des Tausendjährigen Reiches zum Glauben zu ihm finden, könnte der nachstehende Text von Johannes 6,39-40 (Interlinearübersetzung) zutreffen.
„Dies aber ist der Wille des mich geschickt Habenden, dass ich von all dem, was er mir gegeben hat nichts verliere, sondern lasse auferstehen es am letzten Tag.
Denn dies ist der Wille meines Vaters, dass jeder Sehende den Sohn und Glaubende an ihn hat ewiges Leben und auferstehen lassen werde ihn ich am letzten Tag. "
Gemeint sind hier z. B. die Gerechten des Tausendjährigen Reiches, die als *„den Sohn Sehende und Glaubende"* zum Herrn Jesus fanden und durch ihn als Kinder Gottes auch zum Leben

auferstehen werden.

Dies, obwohl sie nicht zu der Gemeinde der vollendeten Gerechten gehören. Für sie könnte auch zutreffen, was im Text von Johannes 5,26-29 (Luther 84) wie folgt zum Ausdruck kommt:

„Denn wie der Vater das Leben hat in sich selber, so hat er auch dem Sohn gegeben, das Leben zu haben in sich selber und er hat ihm Vollmacht gegeben das Gericht zu halten, weil er der Menschensohn ist. Wundert euch darüber nicht. Denn es kommt die Stunde, in der alle seine Stimme hören werden und werden hervorgehen, die Gutes getan haben, hat zur Auferstehung des Lebens, die aber Böses getan haben zur Auferstehung des Gerichts.“

Möglichweise werden auch hier wohl nicht ihre Werke, sondern letztlich dürfte ihr Glaube an Jesus entscheidend sein, der sie allein rettet.

Das entspricht dem Text von z. B. 2. Timotheus 1,9 (Luther 84), wonach man letztlich nicht selig werden kann *„nach seinen Werken, sondern nach dem Vorsatz und der Gnade, die uns in Christus gegeben wurde“*.

Dies betrifft wahrscheinlich auch diejenigen Juden, die, wie die Gerechten aus den Heidenvölkern, ebenfalls erst nach Jesu Kommen durch Sehen zu ihm gefunden haben und an ihm bleiben. Dies im Unterschied zu denen, die - ohne ihn gesehen zu haben - zum Glauben an ihn gekommen sind und von ihm in den Himmel aufgenommen wurden. Diese werden auf der neuen Erde eine andere Aufgabe und außerdem auch das Wohnrecht in der großen Heiligen Stadt besitzen. Dies ist u. a. auch das Thema des nächsten Punktes.

10.3 Der neue Himmel und die neue Erde (Offenbarung 21 und 22)

In Offenbarung 21,1-5 (Luther 1984) sieht der Seher Johannes die Erschaffung einer neuen Erde und eines neuen Himmels unter völlig veränderten kosmischen Bedingungen und Gegebenheiten voraus, wenn es in diesem Text heißt:

„Und ich sah einen neuen Himmel und eine neue Erde; denn der erste Himmel und die erste Erde sind vergangen, und das Meer ist nicht mehr. Und ich sah die Heilige Stadt, das neue Jerusalem von Gott aus dem Himmel herabkommen, bereitet wie eine geschmückte Braut für ihren Mann. Und ich hörte eine große Stimme vom Thron her, die sprach; Siehe da, die Hütte Gottes bei den Menschen! Und er wird bei ihnen wohnen, und sie werden sein Volk sein, und er selbst Gott mit ihnen, wird ihr Gott sein; und Gott wird abwischen die Tränen von ihren Augen, und der Tod wird nicht mehr sein; denn das Erste ist vergangen.
Und der auf dem Thron saß, sprach: Siehe ich mache alles neu! Und er spricht: Schreibe, denn diese Worte sind wahrhaftig und gewiss.“

Es wird geschehen, was auch der Text von Jesaja 65,17 (Luther 84) zum Ausdruck bringt:

„Denn siehe, ich schaffe einen neuen Himmel und eine neue Erde, so dass man der vorigen nicht mehr gedenken und sie nicht mehr zu Herzen nehmen wird.“

So ist von einem neuen Himmel die Rede, der geschaffen wird, bei dem es aber wohl nicht allein um den Himmel über der neuen Erde, sondern wahrscheinlich auch um die Himmel über den anderen Himmelskörpern des Universums geht. Völlig offen ist dabei auch, wie diese Himmel beschaffen sein werden und ob und wie evtl. auch darüber hinaus der Himmel aller Himmel, die eigentliche Wohnung von Gott Vater, betroffen ist.

In Offenbarung 21,22-27 (Luther 84) heißt es weiter dazu:

„Und ich sah keinen Tempel darin, denn der Herr, der allmächtige Gott, ist ihr Tempel, er und das Lamm. Und die Stadt bedarf keiner Sonne noch des Mondes, dass sie ihr scheinen; denn die Herrlichkeit Gottes erleuchtet sie und ihre Leuchte ist das Lamm. Und die Völker werden wandeln im Licht: und die Könige auf Erden werden ihre Herrlichkeit in sie bringen. Und ihre

Tore werden nicht verschlossen am Tage; denn da wird keine Nacht sein. Und man wird die die Pracht und den Reichtum der Völker in sie bringen. Und nichts Unreines wird hineinkommen und keiner der Gräuel tut und Lüge, sondern allein, die geschrieben stehen im Lebensbuch des Lammes."

Eine Hütte hat man eigentlich nur als Zweitsitz. So ist verborgen, ob Vater und Sohn nur in dieser „Hütte" wohnen oder weiterhin im Himmel ihren Wohnsitz haben, d.h., in einem für die Bewohner auf der Erde weiterhin unsichtbaren oder sogar sichtbaren Ort. Darüber äußert sich die Bibel aber nicht. Auch nicht über den Verbleib der Engel. Auskunft gibt der Text noch über die Verschiedenheit der Wohnsitze der Bewohner auf der neuen Erde.

Dazu führt Adolf Pohl aus, dass zu unterscheiden ist zwischen den Bewohnern der Heiligen Stadt und den Völkern und Königen auf Erden. Er sagt dazu, dass die einen, nämlich die zur vollendeten Gemeinde gehören, die zukünftigen Bewohner der Stadt sind. Die Völker stehen nun in gesegneter Beziehung zu dieser Stadt und werden *„ihre Herrlichkeit in sie bringen"* (gemäß Offenbarung 21,24 und 26), aber auch am gottesdienstlichen Leben teilnehmen. [54]

So werden die einen in der Heiligen Stadt und die anderen als Völker auf der neuen Erde sein. Und Fritz Laubach bringt es für letztere abschließend wie folgt auf den Punkt:

„Sie gehören nicht zur vollendeten Gemeinde, sind keine Glieder des Leibes Christi an dem Christus >>das Haupt ist<< (Epheser 4,15-16), wie diejenigen, die zur vollendeten Gemeinde gehören, vergl. 1. Korinther 12,27. Im Glauben an Jesus haben sie alle das Heil erlangt." [55]

Und schließlich formuliert er nach Offenbarung 21,25 auch für alle:

„Weil vollkommener Friede und vollkommene Sicherheit herrschen, stehen die Tore der Stadt allezeit offen." [56]

Zugang zur Stadt haben somit alle, deren Namen im „Lebensbuch des Lammes" stehen (Offenbarung 21,27 und Lukas 10,20). Aber auch in einer Besonderheit scheinen sich die beiden Gruppen zu unterscheiden, denn rätselhaft erscheinen die folgenden beiden Aussagen, die sich scheinbar widersprechen:

Offenbarung 21,4 (Luther 84):

Und der Tod wird nicht mehr sein, noch Leid noch Geschrei noch Schmerz wird mehr sein; denn das Erste ist vergangen."

Offenbarung 22 (Luther 84):

„Und er zeigte mir einen Strom lebendigen Wassers, klar wie Kristall, der ausgeht von dem Thron Gottes und des Lammes; mitten auf dem Platz und auf beiden Seiten des Stromes Bäume des Lebens, die tragen zwölfmal Früchte, jeden Monat bringen sie ihre Frucht und die Blätter der Bäume dienen zur Heilung der Völker."

Die Frage, die aufgrund der beiden Aussagen entsteht, ist:

Weshalb ist noch Heilung notwendig, wenn der Tod nicht mehr existiert?

Denkbar wäre, dass die beiden Gruppierungen verschiedene Körper besitzen. Dies vielleicht, weil diejenigen, denen das Wohnrecht in der Stadt gewährt wird, nach ihrer Auferstehung einem neuen geistlichen Leib erhalten haben (1. Korinther 15,44). In diesem Fall würde ihr Leib auf der neuen Erde nicht von dem verschieden sein, den sie nach ihrer Entrückung und Auferstehung im Himmel schon hatten. In dieser Weise sind sie sogar den Engeln gleich.

Etwas rätselhaft ist dabei allerdings wieder, dass sie auch an den Früchten vom Baum des Lebens Anteil haben sollen, denn in Offenbarung 2,7 (Luther 84) heißt es:

„Wer Ohren hat. der höre, was der Geist den Gemeinden sagt: Wer überwindet, dem will ich vom Baum des Lebens zu Essen geben, der mitten im Paradies Gottes ist.

Was dann auch bedeuten würde, dass sie auch allerlei andere Früchte genießen dürfen. Zumindest trifft dies auf Wein zu, der getrunken wird. Den Hinweis Jesu darauf finden wir in

Matthäus 26,29 (Luther 84):

„Ich sage euch: Ich werde von nun an nicht mehr von diesem Gewächs des Weinstocks trinken bis an den Tag, an dem ich von neuen davon trinken werde mit euch in meines Vaters Reich."

Noch etwas anderes sehr Ehrenvolles wird mit ihnen geschehen. Die Geister der vollendeten Gerechten werden als Erstgeborene (Hebräer 12,23) und Stadtbewohner von Jesus in besonderer Weise wie folgt geehrt werden:

Offenbarung 2,17 (Luther 84)

„Wer Ohren hat, der höre, was der Geist den Gemeinden sagt! Wer überwindet, dem will ich geben von dem verborgenen Manna und will ihm geben einen weißen Stein und auf dem Stein ist ein neuer Name geschrieben, den niemand kennt, als der der ihn empfängt"

Offenbarung 3,5 (Luther 84):

„Wer überwindet, der soll mit weißen Kleidern angetan werden und ich werde seinen Namen nicht austilgen aus dem Buch des Lebens und ich will seinen Namen bekennen vor meinem Vater und vor seinen Engeln."

Offenbarung 3,12 (Luther 84):

„Wer überwindet, den will ich machen zum Pfeiler in dem Tempel meines Gottes und er soll nicht mehr hinausgehen und ich will auf ihn schreiben den Namen meines Gottes und den Namen des neuen Jerusalem, der Stadt meines Gottes, die vom Himmel hernieder kommt von meinem Gott und meinen Namen, den neuen."

Die genaue Beschreibung der Stadt findet man in Offenbarung 21,10-27. Sie ist architektonisch kostbar und vollendet ausgestattet und von unvorstellbarer Schönheit. In Offenbarung 21,15-17 (Luther 84) beschreibt der Seher Johannes beispielsweise auch ihre gigantischen Maße:

„Und der mit mir redete, hatte einen Maßstab, ein goldenes Rohr, um die Stadt zu messen und ihre Tore und ihre Mauer. Und die Stadt ist viereckig angelegt und ihre Länge ist so groß wie die Breite und er maß die Stadt mit dem Rohr: 12.000 Stadien. Die Länge und die Breite und die Höhe der Stadt sind gleich. Und er maß ihre Mauer: 144 Ellen nach Menschenmaß, dass der Engel gebrauchte."

Stadien stehen - gemäß Wikipedia - für den Plural von Stadion (altes Längenmaß etwa 150 - 185 Meter). Geht man von 185 Metern aus, so wird die Stadt in Würfelform, ein Längen-, Breiten- und Höhenmaß von 185 x 12000 = 2.220.000 m = ca. 2300 km besitzen. Diese Strecke entspricht in etwa der Entfernung von München bis Moskau, die ca. 2315 km beträgt.

Die Elle ist eines der ältesten Naturmaße. Nach Wikipedia beträgt ein Ellenmaß ca. 50 cm. Somit hätte die mit 144 Ellen angegebene Mauer eine Höhe von ca. 70 m (144 x 0,5).

Zugang zur Stadt haben alle, wie schon gesagt, deren Namen im „Lebensbuch des Lammes" stehen, zu denen auch die Völker auf der neuen Erde gehören. Auf dieser werden paradiesische Lebensverhältnisse herrschen und Gott Vater und sein Sohn Jesus Christus werden gemeinsam bei den erlösten Menschen wohnen.

Endnoten/Literatur

1   Jacob Thiessen, „Biblische Glaubenslehre Eine systematische Theologie für die Gemeinde", 2004, Verlag für Theologie und Religionswissenschaft Nürnberg, S. 200

2   Jacob Thiessen, „Biblische Glaubenslehre ...", Seite 201

3   Jacob Thiessen, „Biblische Glaubenslehre ...", Seite 203

4   Jacob Thiessen, „Biblische Glaubenslehre ...", Seite 203

5   Doron Schneider, Artikel vom 17.10. 2018 geschickt an meine Internet-Adresse

6   Internet-Veröffentlichung der Partner des Frankfurter Bibelhaus Museums vom 20.10.2018 zu Judaea Capta

7   Boskey und Thomas Capelle, „Der edle Ölbaum und seine Zweige - Römer 11", Verlag Gottfried Berhard Solingen, 1. Auflage, Seiten 34-35 und 40

8   Fredy Peter, Missionswerk Mitternachtsruf Zweig Deutschland Lottstetten, Nachrichten aus Israel 5/2023, Seite 12

9   Jakob Tscharntke, „Erfüllung biblischer Prophetie", 1. Auflage 2021, Lichtzeichen-Verlag GmbH, Lage, Seite 28

10 Israel Heute, P.O.B. 7535, IL.-9107401 Jerusalem, Probeheft 2018

11 Israel Heute, P.O.B. 7535, IL.-9107401 Jerusalem, Probeheft 2018

12 Bettina Hahne, Verlag inner cube GmbH Christliche Medien Düsseldorf, „Die Entrückung Wann kommt Jesus wieder?" Vor, während oder nach der siebenjährigen Trübsal?", 2021, Seiten 4-12

13 Jacob Thiessen, „Die Johannesoffenbarung", Logos Editions Science, Ansbach 2022, Seiten 143 und 157

14 Bettina Hahne, „Die Entrückung Wann kommt Jesus wieder?", Seite 13

15 Bibel-Panorama, Christliche Verlagsgesellschaft mbH, Dillenburg, 22.Auflage 2012, Seite 4

16 Benedikt Peters, „Geöffnete Siegel", Schwengeler-Verlag CH-9442 Berneck, 2. Auflage1991, Seiten 85-89

17 Adolf Pohl, Wuppertaler Studienbibel „Die Offenbarung des Johannes Teil 2", Taschen-buch-Sonderausgabe 1994, R. Brockhaus Verlag Wuppertal und Zürich, Seite 114

18 Adolf Pohl, Wuppertaler Studienbibel, „Die Offenbarung des Johannes 2. Teil", Seiten 92-99

19 Joachim Langhammer, „Was wird aus dieser Welt", Verlag der Evangeliums-Mission Bad Salzuflen, 2. Auflage 2004, Seiten 122-123

20 Donald Guthrie und J. Alec Motyer, „KOMMENTAR ZUR BIBEL", R. Brockhaus Verlag Wuppertal und Zürich, Seite 607

21 Brockhaus Enzyklopädie, Band 12, Mannheim, 19 Auflage 1990 Seiten 465-466

22 Achim Klein, „Neues Handbuch der biblischen Prophetie", Verlag BoD - Books on Demand; 16. Edition (4. Mai 2022) und „Vortrag zu den 70 Jahrwochen", gehalten an den Bibeltagen in Hohegrete 2024

23 John F. Walvoord und Roy B. Zuck „DAS ALTE TESTAMENT", Band 3, Copyright der deutschen Ausgabe 1992 by Hänssler Verlag, Seite 43

24 Erich Schnepel, „Wie sieht die Zukunft der Menschheit aus", Verlag der Liebenzeller Mission Bad Liebenzell, 5. Auflage 1986, Seiten 151-152

25 Erich Schnepel, „Wie sieht die Zukunft der Menschheit aus", Seiten 157-15

26   Joachim Langhammer, „Was wird aus dieser Welt", Verlag der Evangeliums-Mission Bad Salzuflen, 2. Auflage 2004, Seiten 162-163

27   Josias Terschüren, Artikel im Internet Newsletter Israelnetz vom 31.07.2018, zum Thema „Israel im Sog des syrischen Bürgerkrieges", Unterpunkt „Wer sind Israels Feinde

28   Rene Pasche, „Die Wiederkunft Jesu Christi", R. Brockhaus Verlag Wuppertal, 5. Auflage 1968, Seite 215

29   Zeitschrift „aktuell" 01-2022, Bibel-Center Freie Theologische Fachschule Breckerfeld, Seite 18

30   Gordon Schneider, Exklusiver Rundbrief für Insider-Club-Mitglieder vom 11.11.2019, Bau des Tempels rückt näher, Seiten 1-5 und 13

31   Fritz Grünzweig, „EDITION C BIBELKOMMENTAR Offenbarung des Johannes 1. Teil", Seite 269

32   Adolf Pohl, Wuppertaler Studienbibel „Die Offenbarung des Johannes Teil 2, Seite 64

33   John F. Walvoord und Roy B. Zuck „DAS NEUE TESATAMENT" Band 5, Seite 599

34   Adolf Pohl, Wuppertaler Studienbibel, „Die Offenbarung des Johannes 2. Teil", Seiten 149-150

35   Jakob Tscharntke, „Erfüllung biblischer Prophetie", Seiten 60-61

36   Rene Pasche, „Die Wiederkunft Jesu Christi", Seite 203

37   Erich Schnepel, „Wie sieht die Zukunft der Menschheit aus?", Verlag Liebenzeller Mission, 5. Auflage 1986, Seiten 122-124

38   Fritz Grünzweig, EDITION BIBELKOMMENTAR Offenbarung Teil 1, 1996 by Hänssler Verlag, Seiten 245-246

39   Fritz Grünzweig, EDITION BIBELKOMMENTAR Offenbarung Teil 2, 1996 by Hänssler Verlag, Seiten 100-103

40   Adolf Pohl, Wuppertaler Studienbibel, die Offenbarung des Johannes 2. Teil, Seiten 187-189

41   Adolf Pohl, Wuppertaler Studienbibel, die Offenbarung des Johannes 2. Teil, Seiten 219, 223

42   Rene Pasche, „Die Wiederkunft Jesu Christi", Seite 168

43   Adolf Pohl, Wuppertaler Studienbibel, die Offenbarung des Johannes 2. Teil, Seite 229

44   Rene Pasche, „Die Wiederkunft Jesu Christi", Seiten 295-296 und 308-309

45   Fritz Rienecker, Wuppertaler Studienbibel, Das Evangelium des Matthäus, Taschenbuch-Sonderausgabe 1994, R. Brockhaus Verlag Wuppertal und Zürich, S. 334

46   Gerhard Maier, EDITION C BIBELKOMMENTAR 2. Teil Matthäus-Evangelium, 1996 Hänssler-Verlag, Neuhausen-Stuttgart, Seiten 337-338

47   Adolf Pohl „Wuppertaler Studienbibel", Offenbarung des Johannes Teil 2, Seite 267

48   Jacob Thiessen, „Biblische Glaubenslehre, Eine systematische Theologie für die Gemeinde", Seite 209

49   Jacob Thiessen, „Biblische Glaubenslehre, Eine systematische Theologie für die Gemeinde", Seite 209

50   Jakob Tscharntke, „Erfüllung biblischer Prophetie", Seiten 60-61

51   Hanspeter Obrist, Internetbeitrag 4 Israel - Naher Osten, „Welche Gebiete gehören zu Israel", 19 März 2022 Obrist-Impulse

52   Joachim Langhammer, „Was wird aus dieser Welt", Seite 207

53   Fritz Laubach, „Gottes Weg in die neue Welt Ein Gang durch die Offenbarung des Johannes", 2019 SCM Bundes-Verlag GmbH, Witten, Seite 11

54   Adolf Pohl „Wuppertaler Studienbibel", Offenbarung des Johannes Teil 2, S. 335-334

55   Fritz Laubach, „Gottes Weg in die neue Welt Ein Gang durch die Offenbarung des Johannes", Seite 110

56   Fritz Laubach, „Gottes Weg in die neue Welt Ein Gang durch die Offenbarung des Johannes", Seite 118

Schaubild-Endzeit-Ereignisse aus biblischer Sicht

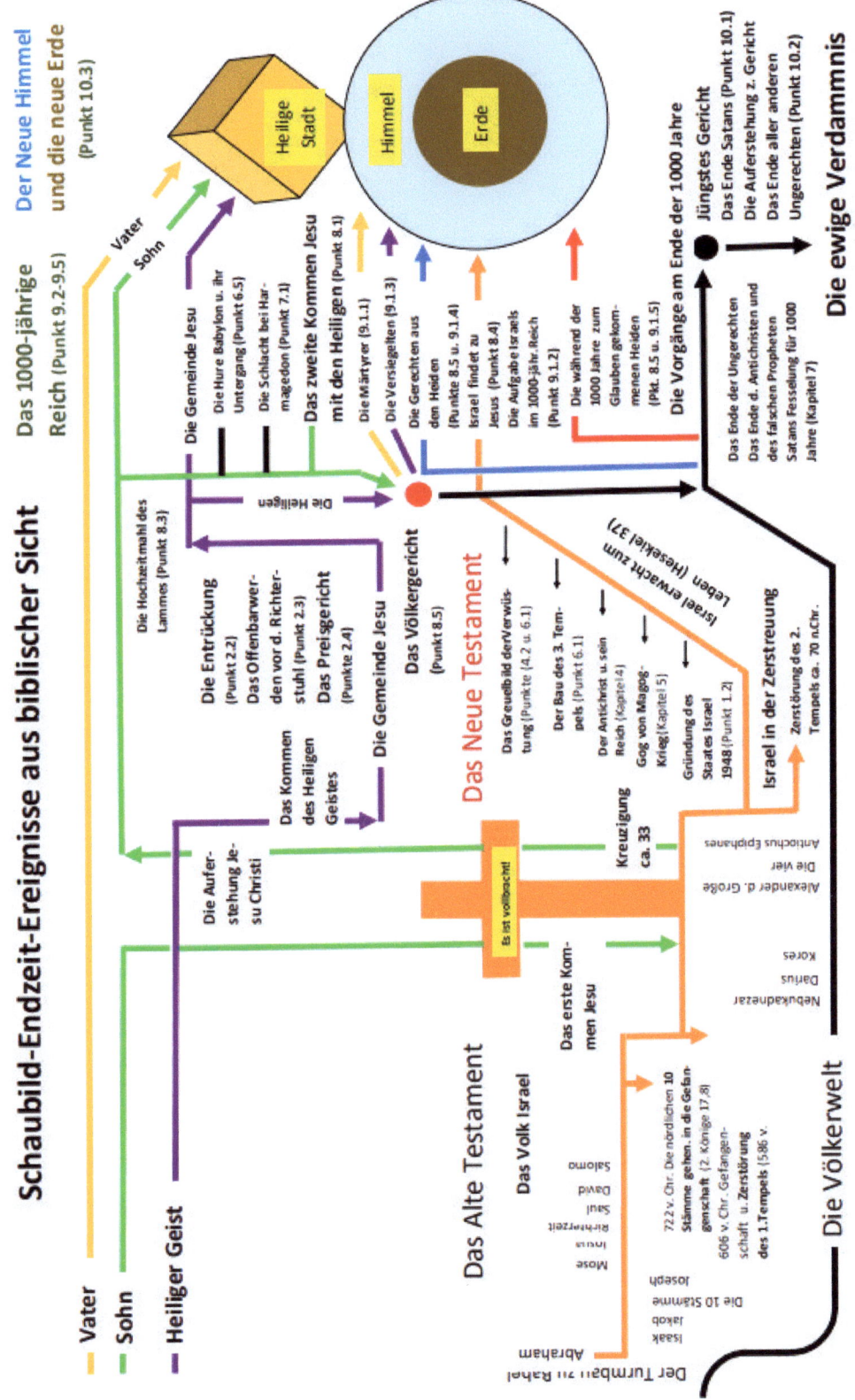

89